대한민국 부동산 초보를 위한
아파트 투자의 정석

마흔 전에 내 집 마련부터 부동산 투자까지

대한민국 부동산 초보를 위한

아파트 투자의 정석

제네시스박 지음

비즈니스북스

대한민국 부동산 초보를 위한
아파트 투자의 정석

1판 1쇄 발행 2020년 3월 11일
1판 11쇄 발행 2024년 1월 30일

지은이 | 제네시스박
발행인 | 홍영태
편집인 | 김미란
발행처 | (주)비즈니스북스
등 록 | 제2000-000225호(2000년 2월 28일)
주 소 | 03991 서울시 마포구 월드컵북로6길 3 이노베이스빌딩 7층
전 화 | (02)338-9449
팩 스 | (02)338-6543
대표메일 | bb@businessbooks.co.kr
홈페이지 | http://www.businessbooks.co.kr
블로그 | http://blog.naver.com/biz_books
페이스북 | thebizbooks
ISBN 979-11-6254-132-6 03320

혼돈의 시대를 맞이한
부동산 초보를 위한 최고의 가이드

스마트튜브 부동산조사연구소 김학렬(빠숑) 소장

일, 인간관계, 투자 등 모든 일을 할 때는 센스가 중요한데, 이러한 감각은 노력으로 만들기에는 한계가 있다. 그래서 더욱 선천적으로 투자 감각이 있는 사람들이 부러운 것이다.

이 책의 저자 제네시스박은 내가 이토록 부러워하는 사람들 중 한 명이다. 그는 탁월한 투자 감각으로 부동산 영역에서 다재다능하게 활약하고 있어 늘 그의 행보가 기대된다.

이런 제네시스박이 한 달 전 찾아와 내게 새 책의 추천사를 요청하였다. 사실 요즘 여러 가지 이유로 추천사를 거의 쓰지 않는데 그의 원고를 정독한 후 흔쾌히 추천사를 써주겠다고 말했다.

책의 내용은 정말 놀라웠다. 그의 부동산 인사이트는 기대를 저버리지 않았고, 더 솔직히 말하자면 내가 언젠가 꼭 써 보고 싶던 내용이었다. 초보 부동산 투자자들에게 정말 필요한 정보를, 쉽고 명확한 문체로 잘 정리한 것이다. 2020년 발간될 수많은 부동산 책 중에서 가장 유용한 책이 될 것이라고 단언할 수 있다.

2017년부터 이어지는 부동산 규제 정국 속에서도 가격이 상승할 곳은 여전히 오르고, 떨어질 곳은 여전히 내리고 있다. 3년 동안 기회를 잡은 사람들도 많지만, 어영부영하다 놓쳐서 후회하는 사람도 많다. 여러 가지 이해관계가 뒤섞인 시장에서 우리는 2020년 부동산 시장을 맞이했다.

과연 이 혼란 속에서 어떻게 살아남아야 할까? 정답은 기본에 있다. 요행을 버리고 기초를 닦는 데 전력을 다하는 것이다. 부동산 투자를 위한 기본적인 지식부터 한 푼이라도 돈을 낭비하지 않는 절세 전략까지 하나하나 꼼꼼히 챙겨야 한다.

이 책은 부동산 시장에서 길을 잃은 독자에게 필요한 책이다. 부동산에 조금이라도 뜻이 있다면 이 책을 곁에 두고 자주 읽는 걸 추천한다. 그러면 당신도 슬기로운 부동산 생활을 누릴 수 있을 것이다.

누구나 벤치마킹할 수 있는 부동산 투자의 정석

〈부의 디스커버리〉 유튜브 운영자 김재수(렘군)

2015년 제네시스박과의 만남은 아직도 기억이 생생하다. 첫 만남 이후 내가 운영하는 블로그의 모든 글에 덧글이 달렸는데 대부분 새벽 시간이었다. 누가 이 늦은 시간에 덧글을 정성스럽게 남기는 걸까? 그것도 오래전 쓴 글에 말이다. 닉네임을 봤더니 제네시스박이었다. 그렇게 인연을 맺고 함께 부동산 투자를 하면서 오랫동안 지켜본 제네시스박의 최고의 강점은 다음과 같다.

먼저 스스로 답을 찾는다. 그는 그것이 100퍼센트 정답이 아닌 최선이라 믿는다. 그리고 즉각 실행한다. 내가 아는 투자자 중에 쓸데없는 고민을 가장 적게 하고 가장 빠르게 실행하는 사람 중 한 명이다. 지금은 세금 절세 전문가로서 너무나 유명하여 투자자로서의 모습은 잘 부각되지 않았지만 과감한 실행력이 지금의 투자자 제네시스박을 만들었다. 내가 놀란 건 자산을 빠르게 불려나가는 모습보다 '어떻게 이렇게 빠르게 흡수하고 내 것으로 만들 수 있을까?'였다.

부동산 초보자에게 해줄 수 있는 가장 좋은 조언은 이미 한 걸음 나아간 사람이 자신의 과거를 과장 없이 있는 그대로 들려주는 것이다. 이때 과정은 없고 결과만 화려한 무용담으로 끝나는 경우가 많다. 이는 듣는 이에게 결코 도움이 되지 않는다.

과거 어떤 상황에서 어떤 일이 발생했고, 어떤 고민을 했으며, 최종적으로 어떤 선택을 했는지 자신의 기준을 이야기해 줄 수 있다면 초보자에게 더할 나위 없는 좋은 조언이 될 것이다.

제네시스박의 이번 책을 읽고 솔직히 많이 놀랐다. 자신의 과거 이야기를 이렇게 솔직하게 다 드러낼 수 있는 사람이 몇이나 될까? 부동산 전문가일수록 과거를 이야기하는 것은 굉장히 쑥스럽고 부끄러운 일이다. 지금은 누구나 알아주는 전문가니까 뭐든지 쉽게 결정할 것 같지만 과거 초보 시절에는 잘못된 선택도 많이 하고 되돌리고 싶은 후회의 순간을 누구나 가지고 있기 때문이다.

그런데도 자신의 과거 이야기를 이렇게 구체적으로 정리해 책으로 내기로 결심한 데는 부동산 공부를 처음 시작하는 분들에 대한 애정이 넘치기 때문이라고 생각한다.

이 책에는 4년 동안 수도권에서 네 번의 이사를 하면서 평범한 직장인의 생초보 시절 내 집 마련을 고민했던 내용과 여러 선택지들 그리고 선택의 장단점과 기준에 대해 자세하게 기록되어 있다. 물론 모든 사람의 상황은 다르다. 선택의 기준도 다르다. 하지만 생각의 흐름, 기준을 벤치마킹할 수는 있다. 이보다 더 좋은 실사례는 없다.

책을 다 읽고 나서야 왜 책 제목이 '부동산 초보자를 위한 아파트 투자의 정석'인지 알게 되었다. 정석은 대단한 것일 필요가 없다. 지금 이 시대에서는 과장의 반대말이 정석 아닐까? 무엇보다 내 집 마련을 고민하는 분들, 부동산 공부를 이제 시작한 분들이 이러한 저자의 생각 흐름을 벤치마킹하면 좋겠다.

당신에게 집은
어떤 의미인가요?

어렸을 때 우리 집은 친구들로 늘 북적였다. 학교가 끝나면 다 같이 몰려와 놀았으며, 주말이나 방학 때도 다들 눈만 뜨면 우리 집으로 달려왔다. 그도 그럴 것이 당시 보기 드물던 위성방송은 물론, 게임기에 만화책까지 놀거리가 가득한 곳이었기 때문이다. 초등학생, 중학생들에게 이 정도면 천국 아닌가. 우리 집은 친구들이 자연스레 모여드는 '아지트'였다.

늘 북적거리다 보니 '오늘은 좀 혼자 있고 싶은데…' 하는 생각이 들 때도 종종 있었다. 하지만 좋은 점이 훨씬 많았다. 함께 게임하고 음악도 듣고 책도 읽으면서 깊은 우정을 쌓는 동안 사춘기도 광풍을 일으키지 않고 무사히 넘어갔다.

당시 부모님은 장사를 했는데 사업 수완이 남달라서 수입이 좋았다. 그래서 자식들이 부족함 없이 자라도록 뒷바라지를 충분히 해줄 수 있었다. 단순히 놀거리만 잔뜩 사준 게 아니라 심리적으로도 여유롭고 서로를 존중하는 분위기였기에 나에게 집은 말 그대로 '행복이 꽃피는 곳'이었다.

하지만 그런 행복이 언제까지나 계속되진 않았다. 고등학교 3학년 말, 그러니까 수능시험을 치르고 얼마 되지 않아 우리 가족은 그동안 살아온 아파트에서 방 한 칸짜리 집으로 이사를 했다. 시험을 앞두고 부모님 사업이 부도가 났는데, 수험생인 내가 신경 쓰느라 공부에 지장을 받을까 봐 숨긴 거였다.

경영 위기가 닥치면 사업하는 사람들은 대개 추가로 대출을 받아 버티곤 한다. 흔히 말하는 '빚으로 빚을 막는' 상황이 되는 건데, 그렇게 해서 사업이 다시 일어나면 좋지만 그렇지 못할 때는 채권자들에게 빚 독촉을 받는다. 전화는 물론이고 집으로도 수시로 찾아온다. 그런데 우리 가족에게는 그런 일이 일어나지 않았다. 마치 아무 일 없었다는 듯 아주 조용하게 상황이 종료됐다. 나중에 아버지에게 들은 바로는 살고 있던 집을 팔아 빚을 대부분 청산했기에 채권자들이 더는 압박하지 않았다고 한다.

그렇게 사춘기 시절을 함께한 나의, 아니 우리 가족의 소중한 집은 마지막까지도 좋은 역할을 해주고 떠났다.

몇 년 전, 고향에 내려갔을 때 그 집을 다시 가봤다. 여전히 그 자리에 있긴 했지만, 그토록 좋아 보이던 아파트 입구도 어딘가 썰렁했고 세월의 흔적을 많이 안고 있었다. 그렇게 멍하니 서서 '집이라는 건 어떤 의미를 갖는 걸까?' 하고 생각해봤다. 나에게 집이란 소중한 친구들과 함께하는 '놀이터'이자 가족과 휴식을 취할 수 있는 '안식처'이며, 책과 음악을 통해 '내가 성장하는 곳', 그리고 어려울 때 방패막이가 되는 '든든한 버팀목'이라는 생각이 들었다.

그래서일까. 나는 '내가 원하는 집'을 마련하는 데 유난히 열을 올렸다. 그 결과 현재는 원하는 곳에서 만족하며 잘 지내고 있고 자산도 무척 많이 늘었다.

하지만 솔직히 이 과정이 쉬운 건 아니었다. 특히 처음 내 집을 장만하던 때가 가장 어려웠다. 무엇보다 거액의 대출을 받으면서 '이게 잘하는 짓인가?' 하는 생각에 밤잠까지 설치곤 했다. 게다가 전 집주인이 외국인이어서 매매 과정이 특수했기에 계약할 때 많이 헤맸다. 집을 산 후에는 난생처음으로 인테리어까지 하게 됐으니, 그야말로 집을 사면서 할 수 있는 경험은 그때 다 해본 것 같다. 이토록 어렵게 첫 집을 장만하면서 가장 많이 한 생각은 이거였다.

'아, 진짜 믿고 물어볼 수 있는 내 편이 한 명이라도 있으면 좋겠다!'

이처럼 나와 비슷한 아쉬움이 있는 사람이 많을 것을 알기에 이 책을 쓰게 됐다. 내 집을 마련하고자 하거나 집을 매개로 부를 늘리고자 하는 사람들에게 동반자가 되었으면 한다.

집을 살 때는 많은 요소를 고려해야 한다. 매매 계약의 전반적인 과정을 이해해야 함은 기본이고 상대방과의 협상, 효과적으로 대출 받는 법, 인테리어 잘하는 법도 알아야 한다. 그리고 이후 집을 팔 때 내는 세금(양도소득세)까지 고려해야 한다.

여기까지 문제없이 통과했다고 하더라도 여전히 한 가지 큰 문제가 남는다. 바로, '꼭 지금 사야 할까? 혹시라도 집값이 내려가면 어쩌지?' 하는 불안감이다. 그 마음을 충분히 알기에 '이렇게 하면 최소한 손해는 보지 않습니다', '여유가 있으면 이런 부동산을 주목해보는 건 어떨까요?'라는 나만의 노하우를 알려드리고자 한다.

또한 이 책은 다양한 부동산 투자 물건 중에서 특별히 수도권 지역의 '아파트'를 기준으로 삼았다. 현재 대한민국에서 아파트는 안정적인 주거 환경을 제공해줄 뿐만 아니라, 자산 증식의 수단으로도 중요한 역할을 한다. 물론 빌라, 오피스텔 등도 저마다의 보유 및 투자 가치가 있지만, 전문 투자자가 아닌 평범한 우리가 접근하기에 실거주를 해결할 수 있고, 투자의 위험 요소가 가장 적은 것은 아파트다.

지난 4년 동안 네 번의 이사를 하며 내 집 마련과 동시에 부동산에 투자함으로써 나는 투자금의 20배에 가까운 자산 증식에 성공했다. 그 과정에서 나는 진정으로 하고 싶은 일을 찾았고, 현재도 여기에 오랜 시간 매진하고 있다.

이 책을 읽고 있는 당신도 나의 경험을 바탕으로 행복한 보금자리를 마련하고 안전한 방법으로 자산을 늘리는 한편 더 나아가 원하는 일을 하면서 살 수 있기를 바란다.

차례

● 제1장 ●

무일푼 월급쟁이,
부동산에 눈을 뜨다

내 집이 절실해진 순간

내 집부터 마련해볼까?

부동산 공부를 시작하다

경제 기사 한 줄로 인생이 바뀌다

● 제3장 ●

어떻게
투자해야 하는가

● 제6장 ●

대한민국 부동산 초보가 알아야 할 모든 것

무일푼 월급쟁이, 부동산에 눈을 뜨다

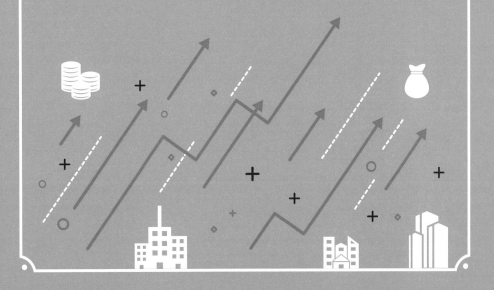

내 집이
절실해진 순간

이렇게 살아서는 안 되겠다

"아휴, 담배 냄새가 또 들어와!"

오늘도 아내는 신경질적으로 방 창문을 닫으며 한숨을 내쉬었다. 태어난 지 50일도 채 안 된 '복덩이'를 바라보는 아내의 얼굴에는 걱정이 가득했다. 그 눈빛과 행동이 나를 향해 '앞으로 어떻게 해야 하나'라고 말하는 것처럼 보였다.

당시 우리 가족이 살던 집은 서울 광진구의 허름한 빌라였다. 비록 오래된 집이었지만 우리 부부는 '한눈에 보고 반해서' 바로 계약했

당시 거주했던 서울 광진구의 빌라

다. 가장 큰 이유는 햇빛이 잘 든다는 것이었다. 사람들은 거주할 집을 고르는 데 여러 요소를 고려하여 신중하게 선택한다. 교통, 연식, 향, 위치, 편의시설 등 항목도 매우 다양하다. 당시 신혼이었던 우리 부부에게 절대 양보할 수 없는 것은 바로 '햇빛'이었다. 집을 보러 갔을

때, 늦은 오후였음에도 빛이 잘 들었고 집에 들어서는 순간 '뽀송뽀송' 하다는 느낌이 들어 참 좋았다. 그래서 한 번 보고 바로 계약했다.

그렇게 우리 마음을 한 번에 사로잡은 집이었지만, 주인 할아버지의 아들 세대가 이사를 오면서 불편함이 시작됐다. 주인 할아버지는 내가 거주하던 빌라 건물을 직접 건축한 사람으로 일본에 유학도 다녀온 이른바 '엘리트'였다. 당시 아흔이 넘었음에도 모든 세대의 관리비를 일일이 계산하고 간단한 수리도 도맡아 했는데, 그 모습을 보면서 참 대단하다는 생각을 했다. 하지만 워낙 연세가 있어서 이제 그 일을 자식이 도맡게 됐다. 그는 내게 아버지뻘 정도 되는 사람이었다. 문제는 그가 담배를 매우 즐겨 피우는 애연가였다는 것이다.

만약 당신이 빌라에 살아봤다면, 이럴 때 어떤 문제가 생기는지 잘 알 것이다. 그렇다. 주인 할아버지의 아들은 자신이 거주하는 3층에서는 물론 1층으로 내려와서도 늘 담배를 물고 다녔고, 그 냄새가 우리 집으로 곧장 들어왔다. 갓 태어난 아이를 키우는 우리로서는 무척 난감한 일이었다. 하루에도 몇 번씩 이런 일이 반복되자 더는 안 되겠다는 생각에 3층으로 올라갔다.

"죄송하지만, 집에 갓난아이가 있으니 흡연을 자제해주시거나 조금 떨어진 곳에서 해주시면 감사하겠습니다."

그는 알겠다고 대답하고 그나마 조금은 성의를 보여주었다. 담배 피우는 횟수를 줄인다든지, 바로 집 앞에서 피우던 걸 조금 떨어져서 피운다든지 하는 식으로 말이다. 그런데 더 큰 문제는 불특정 다수의 담배 냄새였다. 그 빌라가 골목길에 있었기 때문에 그곳을 지나다니는 사람들이 담배를 피우는 것까지는 어떻게 해볼 수가 없었다.

그때가 2014년 6월, 날이 점점 더워지면서 이런 불편도 심해졌다. 날이 더우니 창문을 열 수밖에 없었는데, 밖으로 나와서 흡연하는 사람들이 점차 많아진 것이다.

가족의 탄생과 내 집 마련

복덩이는 이른둥이로 태어났다. 보통 재태 기간이 37주가 되기 전에 태어난 아이를 이른둥이라고 하는데, 복덩이는 그보다 짧은 35주 5일 만에 세상에 나왔다.

아이가 태어나자 병원에서는 혹시 모른다며 신생아중환자실에 입원시키기도 했는데, 다행히 아이는 지금까지 별 탈 없이 잘 자라고 있다. 그때를 생각하면 아직도 정수리가 찌릿해진다. 그럴 때마다 우리 부부는 "이 녀석은 태어날 때부터 돈을 달고 나왔지"라며 애써 웃어 넘기곤 한다. 당시 신생아중환자실에 입원했다는 이유만으로 거액의 보험료가 나온 걸 두고 하는 말이다.

그렇다면 '복덩이'인 우리 아이를 위해 내가 할 수 있는 일은 무엇일까? 바로 안정적인 주거 환경을 마련해주는 것이다. 눈치 보지 않고 자유롭게 뛰어놀 수 있는 그런 집. 이를 위해서는 고려해야 할 사항이 많았다. 삶의 질이 나아져야 하는 것은 물론이고 좋은 학군, 안전한 환경, 자산으로서의 가치까지….

　다양한 가능성을 두고 살펴보니 현재 나에게 정말 필요한 건 '부동산 공부'라는 생각이 스쳤다. 그때가 2014년 여름이었다.

내 집부터
마련해볼까?

당신도 나처럼 흙수저라면

부동산 공부를 하기 위해서는 책이나 강의를 들으며 전문적인 지식을 쌓는 것이 중요하다. 하지만 그에 앞서 반드시 준비해야 할 것이 있다. 바로 투자를 위한 돈이다.

한 번 집을 구매하는 데 큰돈이 드는 만큼 착실하게 저축을 해서 마련해야 하는 목돈도 중요하지만, 평범한 우리가 필수로 갖춰야 하는 건 정기적인 수입이다. 직장이 보장하는 정기적인 수입이 보다 안정적인 투자를 위한 탄탄한 밑거름이 되기 때문이다. 그런데 가끔 우리는 이러한 사실을 잊어버리곤 한다.

나는 내 강의를 들으러 오는 직장인 수강생들에게 이런 질문을 자주 한다.

"직장인이시죠? 월급과 시간, 둘 중에 하나를 택할 수 있다면 당신은 어느 쪽인가요?"

'저녁이 있는 삶'은 많은 직장인의 로망이다. 정시 퇴근에, 일을 마치고 나면 운동 또는 자기계발을 하거나 가족과 함께하는 삶 말이다. 실제로 내 주변의 직장 동료나 선후배, 수강생에게 위와 같은 질문을 하면 대부분 '시간'을 선택한다.

하지만 나는 달리 생각한다. 특히 이제 막 사회생활을 시작한 신입사원이거나 이직을 고려 중인 직장인이라면 가능한 한 '급여가 더 높은 회사'를 택하라고 조언해주고 싶다. 만약 당신이 나와 같은 흙수저라면 더더욱 그래야 한다. 이유는 간단하다. 숫자, 급여명세서에 찍히는 숫자는 거짓말을 하지 않기 때문이다.

예를 들어보자. 직장생활 4년 차인 A는 지루하고 반복되는 업무, 시도 때도 없이 간섭하는 상사 등으로 인해 이직을 하려고 한다. 새로운 곳에 가면 의미 있는 일을 하면서 능력도 인정받고 더 많은 급여를 받을 수 있을 것으로 기대하면서 말이다.

하지만 장담하건대, 나에게 딱 맞는 회사를 찾기란 쉽지 않다. 쓴소리를 몇 마디 더 하자면, 지금 있는 곳에서 능력을 인정받지 못한다면 새로운 곳에서도 같은 상황일 가능성이 크다. 그리고 지금 하는 일을 잘하지 못한다면 당신에게 중요한 업무를 맡길 상사는 극히 드물다. 게다가 그곳이 새로운 회사라면 더 그렇다. 하지만 급여 문제는 다르다. 현재 연봉이 3,000만 원인데 이직한 곳에서는 4,000만 원이라면, 나의 능력이 어떻든지 간에 1년에 1,000만 원을 더 버는 셈이다(물론 세금 등은 빼고 하는 얘기다).

그렇다면 A는 어떻게 해야 할까?

근무 환경, 즉 새로운 업무나 더 좋은 상사 등에 집중하기보다 자신의 몸값을 올릴 수 있는 회사를 택하는 것이 좋다. 근무 환경이라는 것에는 변수가 너무나 많다. 대학생들 사이에서 '꿈의 직장'으로 불리는 회사라 하더라도 내가 속한 팀의 직속 상사가 누구냐에 따라 직장생활이 크게 달라질 것이다.

한 예로, '대학생 취업 선호도 1위' 기업이 있다고 하자. 그렇다면 그 기업에 재직 중인 사람이 모두 행복할까? 그렇진 않을 것이다. 팀마다 팀장의 성향이 다르기 마련이며, 업무 처리 방식이 자신과 잘 맞을 수도 있고 그렇지 않을 수도 있다. 따라서 회사를 선택할 때 '나는 여기보다 퇴근 시간이 좀 더 이르고, 워라밸work and life balance(일과 삶의 균형)을 실현할 수 있는 곳으로 가고 싶어'라는 생각은 하지 말길 바란다. 내부 사정도 모르면서 그런 회사를 찾아낸다는 건 불가능에 가깝기 때문이다.

그러므로 당신이 평범한 사람이라면 직장 동료나 상사 때문에 멀쩡한 회사를 그만두는 어리석음은 범하지 말길 바란다. 다른 곳에 가면 더 돋보이는 일을 하고, 능력을 인정받아 스포트라이트를 받으리라는 순진한 생각 역시 하지 말길 바란다.

나처럼 흙수저라면 어떻게든 지금 있는 조직에서 인정을 받는 게 우선이다. 그리고 나서 연봉을 올리든지, 아니면 이직을 통해 몸값을 올리는 게 나중을 위해서도 훨씬 유리하다.

그런데 월급만 오른다고 흙수저에서 벗어날 수 있을까?

쓸 수 있는 돈, 최대로 확보하기

2013년 10월, 세 번째 회사에 입사했다. 새로운 곳으로 오면서 나는 두 가지를 얻었다.

첫째, 급여가 크게 증가했다. 전에 다니던 회사 대비 총보상액 기준 거의 두 배 가까이 늘었다. 이는 새 회사의 급여가 높은 것도 있었지만, 직전에 다니던 회사의 급여가 워낙 적어서이기도 했다.

둘째, 근무지가 서울 외곽에서 판교로 바뀌었다. 이는 내 집 마련과 부동산 공부에서 '신의 한 수'라고 할 정도로 내게 큰 영향을 미쳤다. 이에 대해서는 천천히 설명하겠다.

세 번째 회사로 이직할 때 내가 따져본 것은 딱 두 가지였다(혹시 이직을 염두에 두고 있는 직장인이라면 유심히 보길 바란다). 하나는 해당 회사가 속해 있는 산업industry이었고, 다른 하나는 급여였다. 여기에 직무job까지 고려해 세 가지를 모두 충족하면 이상적이다. 그런데 당시의 나는 이미 직무를 바꿀 수 없는 상태였다(그러니 뭐든 하려면 한 살이라도 더 어릴 때 해야 한다). 그래서 산업군에 집중하여 이직 준비를 했다.

첫째로, 가고자 하는 회사의 산업군을 중시해야 하는 이유는 다음과 같다. 앞으로 성장하고 활성화될 것으로 예상되는 산업에 속한 기업이라면, 산업의 시장 규모가 커질수록 당연히 회사도 성장을 지속하게 된다. 그러면 급여, 특히 성과급과 같은 변동성 보상이 늘어날 가능성이 크다.

또한 회사가 성장해감에 따라 더 많은 일과 역할을 부여받음으로써 구성원의 역량도 빠르게 성장할 수 있다. 하향 산업에 속한 회사는 이와 반대의 길을 간다. 산업 전체가 고만고만하니 아무리 애를 써도 회사 사정이 크게 나아지지 않을 가능성이 크다. 이는 개인의 성장이나 보상 측면에 그대로 영향을 미친다.

이른바 '거인의 어깨에 올라타라'라는 말도 있지 않은가. 같은 직무를 수행하더라도 발전 가능성이 더 큰 산업에 속한 회사로 이직하는 것이 유리하다. 똑같은 영업이나 마케팅 업무를 하더라도 더 많은 보상을 받을 수 있다.

게다가 규모가 큰 산업에 속해 있는 회사일수록 부동산 투자를 위한 대출에도 유리하다. 직장인 대출은 지금까지 받은 급여와 다니고 있는 회사의 규모 등에 영향을 받는다. 그야말로 다다익선이다.

현재 보유하고 있는 돈 + 대출 가능한 돈 = 부동산 운용 자금

위와 같은 공식이 성립하기에 최대한 성장 가능성이 큰 산업, 그 안에서도 규모가 있는 기업으로 입사 혹은 이직을 하여 정기적인 월급과 대출을 통해 부동산 운용 금액을 최대치로 끌어올려야 한다.

두 번째는 급여다. 앞서 살펴본 산업군과도 깊은 연관이 있는데, 해당 산업군에서 상대적으로 급여가 높은 회사로 이직하는 것이 유리하다. 회사의 규모나 인지도가 급여 수준을 말해주는 것은 아니므로 개별 회사의 급여, 복리후생 상황 등을 종합적으로 따져봐야 한다. 여기에 더해 안정적인 삶을 원한다면 평균 근속 기간도 함께 알아보면 좋다. 업무 강도가 높거나 근속 기간이 짧은 경우에 급여가 높은 경향이 있기 때문이다.

이상의 생각을 바탕으로 나는 2012년 하반기부터 이직 준비를 했다. 두 번째 회사도 좋았지만, 급여 테이블과 아주 좋은 고과를 받았을 때의 연봉 상승률 등을 계산해보니 그걸로는 내 집 마련은커녕 간단한 재테크도 힘들 것 같다는 생각에서였다. 그래서 다음과 같이 준비했다.

먼저, 가고자 하는 산업군을 정했다. 당시 생각으로 석유화학과 같은 에너지산업이나 자동차산업이 유망해 보였다. 그래서 그 두 산업에 속하는 회사에만 집중했다. 공채 정보에 촉각을 곤두세운 건 물론이고, 헤드헌터 등을 통해서도 열심히 동향을 파악했다. 헤드헌터에

게도 '업무 강도가 낮고 시간이 많이 나는 회사'가 아닌, '지금 연봉보다 최소 얼마는 더 받을 수 있는 회사'로 확실하게 선을 그어 부탁했다. 사실 헤드헌터라고 하더라도 각 회사의 업무 강도가 어느 정도인지, 정시 퇴근은 가능한지 등은 알 수 없다. 앞서 말했듯 변수가 너무 많기 때문이다.

사실 나는 굉장히 운이 좋아서 내가 생각한 이상적 조건대로 이직을 할 수 있었다. 그러나 많은 직장인이 매 순간 열심히 노력하지만 여러 한계 때문에 위의 조건을 모두 충족하는 직장을 구하긴 쉽지 않다. 그렇더라도 현실에 안주하여 몸이 편한 길을 선택하기보다는 도전적이더라도 현 상황에서 좀 더 높은 기준을 달성할 수 있도록 노력해야 한다. 그러면 결국에는 어제보다는 나은 상황을 만들 수 있을 것이다.

그렇다면 돈만 더 번다고 집을 마련할 수 있을까? 부동산 공부도 해야 하고 발품도 팔아야 하는데, 그러려면 시간이 많이 필요한 것 아닐까? 나는 이 문제를 '스스로 시간을 만드는 방법'으로 해결했다.

손품, 발품을 위한 틈새 시간

앞서 직장인이 최대로 돈을 벌 수 있는 세 가지 조건에 대해 이야기했다. 산업, 급여(보상), 직무가 그것이다. 나는 이미 다른 직무로 옮기는 건 불가능한 상황이었기에 앞의 두 가지만 고려해 이직했다.

이직 후 새로운 사람들과의 관계에서 어느 정도 적응을 마치자 이번에는 근무 시간 단축을 위해 업무를 내 것으로 만들어갔다. 일테면 초 단위까지 아끼는 '업무 장악력'을 발휘해 기존에는 3시간 걸리던 보고서를 1시간 만에 완료했다. 그런 다음 남은 2시간은 이렇게 썼다. 30분은 보고서 재확인(오류 등 점검), 30분은 휴식, 그리고 나머지 1시간을 부동산 공부에 투자했다.

물론 이렇게 하려면 자신의 업무를 완벽에 가깝게 장악해야 한다. 그러지 못하면 여유 시간을 만들어낼 수 없다. 또 하나 중요한 건, 주변 동료나 상사에게 군이 자신의 상황을 알릴 필요가 없다는 것이다. 일단 우리는 직장인이니 맡은 바 업무를 제대로 해내고 성과를 내면 된다.

'워라밸'은 직무, 상사, 동료 등 주변 환경의 영향을 매우 많이 받지만 자신의 노력도 있어야 한다. 내가 컨트롤할 수 없는 상사나 업무 때문에 스트레스받지 말고, 어떻게든 업무를 효율적으로 하여 자기만의 시간을 확보해보자.

세 번째 회사로 이직하면서 내가 갖게 된 이점을 정리하면 다음과 같다.

- 성장할 것으로 전망되는 산업군의 회사로 이직 → 안정적인 소득 수준 기대
- 기존 회사 대비 급여가 큰 폭으로 상승 → 훗날 대출을 받는 데

유리

- 직무는 기존과 동일 → 익숙한 일 처리로 일과 투자를 병행할 수 있는 여건 확보
- 근무지 이동 → 부동산 공부를 하기에 더 유리한 여건 확보

이직을 하고 소득이 높아지면서 심리적으로 안정감을 갖게 됐다. 이제는 부동산 공부를 하면서 내 집을 마련하기만 하면 된다.

그런데 어디서부터 시작해야 할까?

부동산 공부를
시작하다

돈이 없을수록 필요한 지식

부모님 사업이 부도가 나고 하루아침에 단칸방으로 이사한 그날 저녁, 나는 희미하게나마 어머니의 울음소리를 들었다. 아직 학생인 나조차도 막막하다고 느꼈는데, 생계를 꾸려가야 하는 부모님 마음은 오죽하셨을까. 그렇게 우리 네 식구는 당시 그 지역에서 가장 좋은 아파트에서 여유롭게 지내다 방 한 칸으로 옮겨 살게 됐다.

그런데 모든 게 나쁜 것만은 아니었다. 예전에는 생각할 수도 없었던 일들이 일어났는데, 그중 하나가 '아버지와의 대화'였다. 당시 나는 수능 성적이 좋지 않아서 매우 의기소침해 있었다. 집안 사정이 어려워진 마당에 시험 결과까지 생각보다 낮게 나왔으니 말이다. 그간 꿈꿔왔던 학교, 학과에는 지원조차 할 수 없었으니 상실감이 이루 말할 수 없었다.

그러던 어느 날, 갑자기 아버지는 나에게 꼭 부동산 경매 공부를 하라고 당부했다. 부동산 경매? 처음 듣는 말이라 그게 어떤 것이냐고 여쭤보니 '부동산을 싸게 사는 방법'이라며 '자금이 없을수록 알아야 하는 내용'이라고 했다. 대한민국에서 살고 있다면 반드시 부동산 공부를 해야 하며, 그 공부를 하기에 가장 좋은 것이 부동산 경매라고 덧붙였다.

생각해보니 사업이 부도가 난 후에도 아버지는 늘 어딘가로 나갔다가 밤늦게 돌아왔다. 사업에 실패하면 기가 죽거나 자포자기하면서 술타령으로 지내는 사람이 많은데 아버지는 그런 모습을 보인 적이 한 번도 없었다. 오히려 무언가에 더 집중하는 듯한 표정이었는데, 그 대상이 바로 '부동산 경매'였다. 훗날 알게 된 사실인데, 아버지는 서점에 가서 두꺼운 경매 책(주로 민사집행법 책으로, 경매는 민사집행법에 대한 내용이라고 이해하면 된다)을 선 채로 읽다 왔다고 한다. 그런 사정까지는 몰랐지만, 실패를 딛고 일어서고자 애쓰는 아버지 앞에서 고작 수능 점수가 낮게 나왔다고 풀이 죽어선 안 된다는 생각이 들었다.

경제적 자유를 향한 첫걸음

부동산 공부가 필요하고 특히 경매라는 게 좋은 도구라는 건 알았지만, 막상 시작하려고 보니 막막하기만 했다. 그래서 내 앞에 놓인 대학이라는 선결과제를 해결하고 여유 시간이 생기면 꼭 부동산 경매 공부를 하리라 마음먹었다.

나는 남들보다 대학을 오래 다녔는데 결정적인 계기는 대학교 2학년 때 다시 수능을 쳤기 때문이다. 학교를 잘 다니던 2학년 여름, 고향으로 가 고민 끝에 아버지에게 마지막으로 수능 시험을 다시 보겠다고 말했다. 다소 놀란 표정이던 아버지는 이내 "그래, 그러면 네가 하고 싶은 대로 해라"라고 허락해주었고, 다행히 그해 수능 시험에서 만족할 만한 결과를 얻었다.

지금 생각해보면 정말 무모한 도전이었다. 수능 시험을 다시 준비한데다가 '배수의 진'을 치기 위해 당시 재학 중이던 대학에는 휴학계가 아닌 자퇴서를 제출했으니 말이다. 하지만 어렸을 때부터 부모님은 "늘 당당해라", "후회를 남기지 마라"라는 말을 했기에 나 역시 그에 맞게 행동하고 싶었다. 짧은 인생을 살아오면서 어찌 보면 처음으로 '모든 걸 내려놓기'를 한 셈인데, 이후 부동산 투자를 하는 데도 이런 강단은 매우 필요했다.

원하던 대학에 입학한 뒤, 심리적으로 여유가 생겼다. 그래서 틈새 시간을 이용해 아버지가 늘 강조하던 부동산 경매 공부를 시작했다. 당시 내 또래 중 부동산 경매 공부를 하는 친구는 거의 없었다. 모아

놓은 돈이 없어 직접 경매에 참여하지는 못했지만, 언젠가 내 인생에 큰 도움이 될 것을 믿고 착실하게 공부를 해나갔다.

지금 생각해보면 당시의 도전과 공부가 터닝 포인트가 되어 지금의 내 집 마련부터 부동산 투자, 강연, 저술 활동 그리고 1인 기업 활동에 이르기까지의 수많은 점을 하나의 선으로 연결했다는 생각이 든다.

물론 다른 삶을 선택했더라도 잘 지냈겠지만, 그보다는 지금의 삶이 너무나 즐겁고 평소 원하던 것이었기에 감사한 마음이 가득하다. 당시 아버지의 조언, 그렇게 할 수 있었던 환경에 다시 한번 고마움을 표한다.

경제 기사 한 줄로
인생이 바뀌다

부동산 경매의 장단점

대학교 입학 이후 악착같이 공부해서 남들이 부러워하는 대기업에 취직은 했지만, 이내 월급쟁이로서 내 집 한 채 마련하지 못하는 현실의 벽에 부딪혔다. 신생아가 있는 집으로 밀려드는 자욱한 담배 냄새를 어떻게 해야 할지 고민이 가득한 2014년의 여름이었다. 결국 우리 부부는 빌라에서 벗어나기로 결심했다.

'배운 게 도둑질'이라고 집을 마련할 때 그나마 내가 할 수 있는 건 경매 물건을 계속해서 뒤지는 것이었다. 경매 물건을 검색할 때 가장 정확한 방법은 '대한민국 법원 법원경매정보' 사이트(courtauction.go.kr)를 활용하는 것이다. 경매는 법원에서 진행하는데, 만약 여기에 잘못된 정보가 있다면 해당 경매가 취하될 수도 있기 때문이다.

그런데 보통은 법원경매정보 사이트를 잘 보지 않는다. 무료이고 공신력이 높긴 하지만, 경매 정보를 일목요연하게 파악하고 저장·관리하기에는 조금 불편하기 때문이다. 그래서 다소 비용이 들더라도 정리가 잘 되어 있는 유료 사이트를 보는 사람들이 많은데 나는 '지지옥션'(ggi.co.kr)이라는 사이트를 즐겨 찾았다.

가장 먼저, 경매 사이트를 통해 집 근처에 나와 있는 매물을 확인했다. 하지만 당시 거주하던 곳은 빌라가 많은 지역이라 인근 물건을 확인하는 게 큰 의미가 없어 보였다. 빌라 생활도 나쁘진 않았지만, 담배 냄새도 덜 나고 좀 더 쾌적하게 생활할 수 있는 아파트를 찾기로 했는데 인근에는 마땅한 매물이 없었다.

또 다른 문제는 경매 물건이 생각보다 많지 않다는 것이었다. 그중 마음에 드는 물건(예를 들어 향, 동, 층 등)을 발견하기란 하늘의 별 따기였다. 경매는 채무자가 채무를 갚지 못했을 때 채권자에 의해 진행되는데, 이는 부동산 거래를 하는 한 가지 수단으로 전체 매매 물건 중 일부에 지나지 않기 때문이다. 그러다 보니 경매로 좋은 집을 찾고자 하는 내 노력은 마치 마른하늘에서 비가 내리기만을 기다리는 모양새였다. 한번은 관심 있는 물건이 나와 실제 입찰을 해봤지만 낙찰받지 못했다. 내 마음에 드는 물건은 찾기 힘들었고, 겨우 발견해도 너

대한민국 법원 법원경매정보 사이트와 사설 경매 사이트 '지지옥션'

출처: 대한민국 법원 법원경매정보

출처: 지지옥션

광진구 중곡동 빌라 밀집 지역

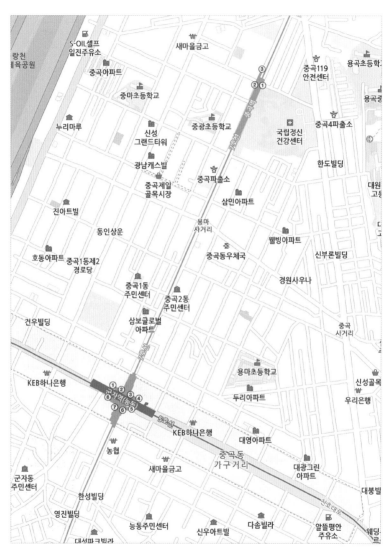

출처: 네이버 지도

44

무 높은 가격에 낙찰됐다. 시간이 흘러도 성과가 없어서 '이렇게 하는 게 맞나?' 하는 의구심이 고개를 들었다.

비록 당시 상황으로서는 경매가 좋은 수단이 되지 못했지만 경매의 장점을 살릴 수만 있다면 큰 이득을 볼 수 있다. 그렇다면 경매의 장단점은 무엇일까? 다른 부동산 취득 방법을 알아보기에 앞서 이 장에서 간략히 짚고 넘어가자.

장점

- 마음에 드는 물건을 싸게 매입할 수 있다.
- 해당 물건을 취득하는 데 대출을 많이 받을 수 있다(때에 따라 80퍼센트 이상도 가능).

단점

- 원하는 물건이 잘 나오지 않는다.
- 원하는 물건이 나오더라도 낙찰을 못 받을 수 있다.
- 과당 경쟁을 하는 경우 불필요하게 낙찰가가 높아지고 그 결과 수익률이 낮아질 수 있다.
- 명도소송에 대한 부담감이 있다. 명도소송은 경매를 통해 낙찰된 부동산을 매도인이 명의나 소유 권리를 넘겨주지 않을 경우, 매수인이 강제로 점거하기 위해 명의 이전을 요구하는 소송을 제기하는 것을 말한다. 경매는 명도소송을 경매 낙찰자가 직접 진

행해야 한다.

LTV, DTI? 무슨 의미일까?

그러던 어느 날, 신문 기사 하나를 보게 됐다. 이때까지만 해도 헤드라인 한 줄이 내 인생을 이렇게까지 바꿔놓으리라고는 생각하지 못했다.

아래 신문 기사의 헤드라인을 한번 보자. 어떤 문구가 가장 눈에 띄는가? 대부분의 사람에겐 '대출여력 확대'라는 문구가 눈에 들어올 것이다. 말 그대로 대출을 늘리겠다는 의미다. 당시는 2008년 금융위기 이후 서울 집값이 가장 낮았던 때로 정부가 경기 부양을 위해 대출을 늘리던 시점이었다. 하지만 나는 '대출여력'보다 'LTV'와 'DTI'에 눈이 갔다.

처음 이 단어를 봤을 때 '도대체 이게 무슨 뜻이지?'라는 생각이 들었다. 다행히 나는 모르는 단어나 약어를 접하면 그냥 넘어가지 않고 꼭 찾아보는 습관이 있었다. 찾아보니 이런 결과가 나왔다.

LTV

LTV$_{\text{Loan To Value ratio}}$는 주택을 담보로 돈을 빌릴 때 인정되는 자산 가치의 비율을 말한다. 만약, 주택담보대출비율이 60퍼센트고, 3억 원짜리 주택을 담보로 돈을 빌리고자 한다면 빌릴 수 있는 최대금액 은 1억 8,000만 원(3억 × 0.6)이 된다.

DTI

DTI$_{\text{Debt to Income}}$는 주택을 구입하려는 사람이 주택담보대출을 받 을 경우 채무자의 소득을 기준으로 대출 상환 능력을 점검하는 제 도다. DTI는 금융회사에 갚아야 하는 대출금 원금과 이자가 개인의 연소득에서 차지하는 비중을 의미하며, 이는 부동산 담보물의 크기 만으로 대출 한도를 결정하는 기존의 주택담보비율과 차이가 있다. DTI 기준을 엄격하게 적용할 경우 담보 가치가 높더라도 소득이 충 분치 않으면 대출을 받을 수 없다. 정부는 DTI를 통해 은행의 무분 별한 대출 관행과 채무자의 부실 부채 상환을 방지할 수 있다.

간단히 정리하면 이런 의미다. LTV는 '주택담보대출비율'로, 해당 주택 가치의 일정 비율까지 대출이 가능함을 의미한다.

DTI는 '총부채상환비율'로, 본인(채무자)의 소득에서 금융회사에 갚아야 할 대출과 원금이 어느 정도 차지하는지를 비율로 나타낸 것 이다.

최근에는 대출을 억제하려는 정부의 방침대로 DTI 대신 DSR_{Debt} Service Ratio(총부채원리금상환비율)을 많이 활용한다. 이는 주택담보대출 외에도 신용대출, 학자금 대출, 자동차 할부금 등 모든 대출에 대한 원리금 상환 부담을 계산하는 지표를 활용하는 방식으로 대출 요건을 강화시킨 제도다. 지역별, 금융별로 DTI, DSR 등 대출 요건이 다르니 대출받을 때 대출 전문상담사와 꼼꼼히 확인해야 한다.

이제 다시 기사 헤드라인을 보자.

'LTV 70%, DTI 60%로 단일화… 대출여력 확대'

이 말을 풀어보면, '집을 살 때 집값의 70퍼센트까지 대출을 해주겠다. 여기에서 나오는 이자와 원금이 소득의 60퍼센트 이내이기만 하면 괜찮다. 그러니 대출을 받고 싶다면 지금 신청해라. 돈을 충분히 풀겠다'가 된다. 기사를 이렇게 해석하는 순간, '지금 내가 경매를 할 때가 아니구나!'라는 생각이 들었다.

내가 경매로 집을 알아본 이유는 무엇보다 싸게 매입할 수 있기 때문이었다. 그리고 대출을 많이 받음으로써 미래 소득을 현재로 당겨 구매력을 높이기 위해서였다. 세 번째 직장으로 옮기면서 급여 수준은 높아졌지만, 당장 모아놓은 돈이 없었기에 차라리 미래의 소득을 담보로 현재 대출을 최대한 일으킴으로써 시간을 벌고자 한 것이다.

당시만 하더라도 나는 그러려면 경매로 물건을 낙찰받아야만 가능하다고 생각하고 있었다. 그런데 신문 기사를 통해 집값의 70퍼센트까지 대출이 된다는 사실을 알고 꼭 경매를 고집할 필요가 없음을 깨닫게 됐다. 그날 이후 본격적으로 '내 집 마련'을 위해 다른 방법을 찾아보기 시작했다.

물론 현재는 과거와 달리 이렇게까지 대출 한도가 높지 않다. 하지만 규제 지역이 아닌 곳은 여전히 LTV 70퍼센트가 적용되니 내 집 마련에 참고할 만하다. 또한 규제 지역이라 하더라도 상황에 따라 50퍼센트 또는 그 이상도 가능하다.

게다가 부동산 역시 다른 자산과 마찬가지로 부침이 있으니, 수도권의 가격 상승이 끝나고 침체기가 온다면 대출 규제는 풀릴 것으로 본다.

2020년,
지금 바로 경매 공부하라

#2020년 #부동산경매 #노하우대공개

#경매의쓸모 #부동산싸게사는법

지금 경매 공부해도 쓸모 있을까?

부동산 공부를 처음 접하게 된 계기가 경매라고 밝힌 바 있다. 경매는 무엇이고 어떻게 공부해야 할까? 무엇보다, 지금 공부해도 효과가 있을까? 부동산 규제가 계속 심해지는 상황에 말이다. 나는 단연코 '그렇다'라고 답하겠다. 아직 늦지 않았으며, 충분히 효과가 있다!

우선 부동산 경매가 발생하는 메커니즘부터 살펴보자. 부동산 경매란, '채권자의 신청에 따라 법원이 하는 강제집행의 한 방법으로 부동산을 매각하는 절차에 따라 최고 가격을 제시한 자에게 파는 방법'을 말한다.

예를 들어 갑이라는 사람이 B라는 집을 가지고 있는데 이 집을 구입할 때 은행에서 대출을 받았다고 하자. 이 대출금을 예정대로 갚는다면 큰 문제가 없다. 그런데 만약 대출금을 갚지 못한다면, 돈을 빌려준 은행은 어떻게 해야 할까? 어떻게든 돈을 돌려받을 방법을 찾아야 한다. 이 예에서 갑은 채무자, 은행은 채권자가 되는데 채무자의 사정은 딱하지만 채권자인 은행의 권리(돈을 돌려받을 수 있는 권리) 역시 보호받아야 한다. 그래서 법에 정해진 절차에 따라 갑의 소유인 B 집을 팔아서 대출금을 갚게 하는데, 이런 일련의 과정을 부동산 경매라고 이해하면 된다. 그런데 이런 경매를 왜 공부해야 할까?

첫째, 부동산 경매를 공부하고 나면 일반 매매는 상대적으로 매우 쉽게 다가온다. 아래 도표는 경매 절차를 보여주는 표다.

부동산 경매 절차

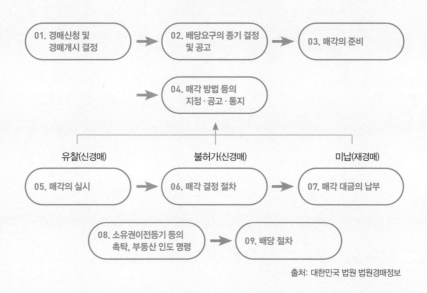

출처: 대한민국 법원 법원경매정보

한눈에 봐도 복잡하고 어렵다는 느낌이 들 것이다. 좀 더 쉽게 이해하기 위해 '02.배당요구의 종기 결정 및 공고'를 보자. 이는 채권자(B 주택을 담보로 갑에게 대출을 해준 은행)들이 자신들이 받아야 할 금액이 얼마라고 제시하고, 법원이 이를 결정함을 의미한다. 그 다음에는 해당 부동산(B 주택)을 매각할 준비를 한 뒤, 공지를 하고 실제 매각을 진행한다(이때 가장 높은 가격을 써낸 사람이 낙찰을 받는다). 그렇게 낙찰된 돈을 채권자들에게 배분하는데 이를 '배당'이라고 한다.

이렇게 보면 부동산 경매는 '어렵다', '망했을 때 하는 것이다'와 같은 부정적인 면만 있는 게 아니라 '법원이 중심이 되어 법적 절차를 통해 채권자에게 필요한 금액을 돌려주는 경제의 윤활유 같은 시스템'이라는 것을 알 수 있다. 만약 부동산 경매가 없다면 은행은 더 이상 주택을 담보로 대출을 해주지 않을 것이고, 갑과 같은 사람은 대출 없이 온전히 자기 돈으로만 집을 마련해야 할 것이다. 하지만 현실에선 그렇게 하기 매우 어렵다는 것을 우리는 이미 잘 알고 있다.

둘째, 임차(전세 또는 월세)로 살수록 부동산 경매를 알아야 한다. 시세 5억짜리 집의 전셋값이 4억이다. 그런데 이 집에 전세로 들어가려고 하니 집주인이 5,000만 원을 대출받겠다며 양해해달라고 한다. 어떻게 할까? 이 집에 전세로 들어가야 할까?

나라면 그 집에 절대 들어가지 않을 것이다. 설령 집주인이 갑부이거나 고액 연봉자라고 할지라도 말이다. 왜 그럴까? 이 집에 들어가 있는 대출과 보증금의 '순위'가 중요하기 때문이다. 이런 경우는 보통 집주인이 세입자에게 잠깐 주소지에서 이름을 빼달라고 하거나 세입자가 전입 신고를 하기 전에 미리 대출을 받는다. 이걸 '선대출'이라고 하는데 이렇게 함으로써 그 뒤에 들어오는 전세보증금보다 순위가 앞서게 되는 것이다. 즉, 만약 이 집이 경매로 넘어갈 경우 1순위는 선대출 5,000만 원, 2순위는 전세보증금 4억 원이 된다.

만약 집주인이 대출 5,000만 원을 갚지 않고 연체하여 해당 집이 경매로 넘어간다면 어떻게 될까? 이때는 낙찰가가 얼마가 되느냐에 따라 임차인의 희비가 갈린다.

먼저, 5억 원짜리 집이 5억 원에 낙찰되면 경매를 진행한 법원은 낙찰가 5억 원에서 5,000만 원을 은행에 지급한다(1순위이기 때문이다). 그리고 남은 4억 5,000만 원에서 4억 원을 임차인에게 2순위로 지급한다. 이건 아주 행복한 경우다.

만약 이 집이 5억 원이 아니라 4억 원에 낙찰됐다고 해보자. 1순위 5,000만 원을 갚고 난 나머지 금액, 즉 3억 5,000만 원만 임차인에게 간다. 즉, 임차인은 5,000만 원을 손해 보게 된다(경매집행 비용 등 몇 가지는 제외). 만약 당신이 이 사례의 임차인이라면 어떨 것 같은가?

물론 현실에선 집값이 5억이고 대출이 5,000만 원인 경우 경매로 넘어가는 일은 많지 않다. 이런 상황이라면 임대인(또는 임차인)이 경매 발생 원인이 되는 5,000만 원을 갚아버리면, 경매가 없던 것으로 되기 때문이다. 하지만 이 과정에서 받는 정신적 스트레스와 불안감은 돈으로 환산하기 어려울 것이다.

이렇듯 혹시라도 임차 중인 집이 경매로 넘어간다면 낙찰가가 높은 것이 임차인에게는 더 유리하다. 집값이 오르는 상황이어야 임차인의 보증금이 보호받는 역설적인 상황이 펼쳐지는 것이다. 따라서 내 집이 아니라면 경매를 잘 알고 있어야 나의 소중한 보증금을 지킬 수 있다. 부동산 경매를 통해 재산(보증금)도 지킬 수 있고, 더 나아가 내 집도 마련할 수 있으니 당연히 공부해야 하지 않을까?

사례에서 나온, 낙찰가를 배분하는 것을 '배당'이라고 하는데 경매에서는 가장 어렵고도 중요한 부분으로 여겨진다. 이를 정확하게 계산하고 빈틈을 찾는다면 경매로 꽤 큰 수익을 얻을 수 있다. 하지만 초보가 처음부터 경매로 수익을 내는 방법에 접근하기는 어렵다. 그보다는 왜 대출이 있는 집에 전세로 들어가면 위험한지, 왜 전입신고·확정일자가 중요한지 등을 부동산 경매를 통해 확실히 배울 수 있다는 데 방점을 두자.

셋째, 부동산 경매는 부동산을 취득할 수 있는 아주 좋은 도구 중 하나다. 부동산을 잘 취득했다는 것은 무엇을 의미할까? 가장 쉬운 예로 '싸게' 구입하는 것을 생각할 수 있다. 그런데 부동산 경매는 해당 물건이 법원에 나올 때 시세가 아닌 '감정가'로 나온다. 이는 통상 시세보다 다소 낮은 가격이기에 저렴하게 내 집을 마련할 기회다. 특히 법원에 물건이 나오고 해당 회차에 낙찰이 되지 않는 경우를 '유찰'이라고 하는데, 그다음 회차 때는 기존 감정가에서 20퍼센트 또는 30퍼센트 낮아진 가격에 입찰할 수 있다. 예를 들어 어떤 집이 경매로 10억 원에 나왔는데 1회차에 아무도 응찰하지 않아 다음 회차로 넘어간다면, 그때는 8억 원 또는 7억 원에 입찰할 수 있다는 의미다. 물론 최근 부동산 경매의 인기가 높아져 감정가의 100퍼센트를 넘겨(이 경우 10억 원 초과) 낙찰되는 일이 많지만, 그래도 꾸준히 관심을 가지면 뜻하지 않게 좋은 가격에 내 집을 마련할 수도 있다.

마지막으로 경매를 통해 평소에는 구하기 힘든 물건을 취득할 수도 있다. 예를 들어 서울 특정 지역은 워낙 대기 수요가 많아 나오는 즉시 물건이 팔린다고 해보자. 이 지역에 부동산 경매로 물건이 나온다면, 이때는 이 사실을 아는 사람들만 경쟁하는 것이므로 뜻하지 않은 기회를 얻을 수 있다. 물론 최근에는 경매 역시 정보가 워낙 많이 공개되어 나만 아는 경매 물건은 없겠지만 꾸준히 관심을 갖는 이에게는 좋은 기회가 올 것이다.

부동산 경매 공부, 이렇게 하면 쉽다!

이렇게 유용한 경매, 그렇다면 어떻게 공부하는 것이 가장 좋을까? 다음의 단계대로 하면 빠른 시간 안에 좋은 효과를 볼 것으로 확신한다.

먼저 도서관에 가서 경매와 관련된 책을 일곱 권 이상 정독하자. 이때 체크해야 할 것은 다음과 같다.

- 어떤 내용이 담겨 있는가.
- 이 책에서 강조하는 전략은 무엇인가.

- 저자만의 특기는 무엇인가.

이 방법으로 한두 달 정도 도서관에 있는 경매 책을 빠르게 훑어보면 그동안 출간된 책을 대부분 파악할 수 있을 것이다. 또 다른 방법은 부동산 경매 강의를 듣는 것이다. 이때는 한 가지 조심해야 할 것이 있다. 강의 기간에 반드시 한 개 이상 물건을 낙찰받는다는 각오로 들어야 한다는 것이다. 그렇게 하지 않으면 비싼 수업료를 내고 들은 수업이 그저 지식 쌓기용 '공부'에 그칠 가능성이 크다. 따라서 부동산 경매 강의는 이런 조건을 갖추고 듣는 게 좋다.

- 투자금, 대출금 등 낙찰을 받을 수 있는 현실적인 준비가 되었을 때 강의를 듣는 게 좋다.
- 경매 강사는 반드시 낙찰을 받아본 경험이 있는 전문가로, 내가 낙찰을 받을 때 실질적으로 도움을 줄 수 있는 사람을 선택해야 한다.

실전 경험이 있는 사람의 도움을 받아 한 개 이상의 물건을 낙찰받는다면, 이후로는 스스로도 능히 해나갈 수 있을 것이다. 처음에는 본인이 가용할 수 있는 자금 범위 내에서, 잘 알고 있는 지역(실제 거주 중인 지역이나 인근 등)을 중심으로 경매 물건을 찾아보길 바란다.

최근에는 블로그, 유튜브와 같은 온라인 채널의 발달로 비싼 돈을 들이지 않고도 유용한 정보를 쉽게 얻을 수 있다. 부동산 경매를 공부할 때는 아래 사이트를 참조하자.

부동산 경매 공부 사이트

구 분	사이트 주소	비고
한국자산관리 공사 온비드	onbid.co.kr	경매와 유사한 '공매'를 진행하는 사이트. 공매도 함께 알아두되, 경매를 먼저 공부하길 권한다.
호빵 지성남 블로그	blog.naver.com/club_ dubu	경매를 통해 단순히 부동산이 아니라 세상을 바라보는 관점을 배울 수 있다.
새벽하늘 블로그	blog.naver.com/ hazelnut0320	주택, 특히 아파트 경매를 접하기에 좋은 블로그다.
탱크옥션 사이트	tankauction.com	유료 경매 정보 사이트. 회원 가입만 해두어도 양질의 정보를 얻을 수 있다.
탱크옥션 유튜브	youtube.com/channel/ UC5I6TYGCaAj7nl0EPAf hd-Q	'현민쌤의 경매 초급반 개념원리 과정'을 시청하면 웬만한 경매 기초 지식은 습득할 수 있다.

제 2 장

어디서부터
시작해야 하는가

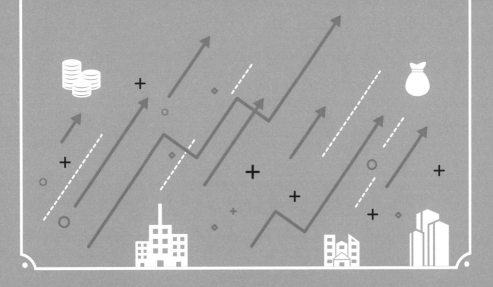

집값의 30퍼센트만
있으면 된다고?

레버리지 똑똑하게 활용하기

나는 운이 좋게도 신문 기사를 보고 집값의 30퍼센트만 있으면 내 집을 마련할 수 있다는 걸 알게 됐다. 하지만 아는 것과 실행하는 것은 전혀 다른 일 아닌가. 솔직히 '어디서부터 해야 하나', '이게 정말 가능할까?'라는 생각이 먼저 들었다.

　가장 먼저 대출을 포함해 내 집을 마련할 때 적정 예산은 어느 정도일지를 계산해봤다. 우리 부부는 그 금액을 3억 원으로 정했다. 왜 3억 원이냐고? 별다른 이유는 없었다. 1~2억 원짜리 아파트는 마음에 드는 게 없을 것 같았고, 4억 원이 넘으면 당시 예산으로는 너무 부담될 것 같아서 그 중간값으로 잡은 것이다. 때로는 이런 직관적인 계산도 필요하다.

대출을 포함해 예산을 3억 원으로 잡았다면 대출은 얼마나 받는 게 좋을까? 집값의 70퍼센트를 최대 한도로 할 때, 원금과 이자를 상환하기 위해 매달 어느 정도를 부담해야 하는지를 알아야 한다.

오른쪽 도표를 보고 비교해보자. 대출 한도를 30퍼센트, 50퍼센트, 70퍼센트로 했을 때 매달 부담해야 하는 금액이다.

집값이 3억 원이라고 할 때 집값의 30퍼센트를 대출받으면 0.9억(3억×30퍼센트), 50퍼센트(3억×50퍼센트)는 1.5억, 70퍼센트(3억×70퍼센트)는 2.1억 원이 된다. 이때 대출금의 이자만 내는 방식을 '거치식'이라고 하는데 2014년 여름 당시는 3년 또는 5년 거치식이 유행이었다. 즉 3년에서 5년은 이자만 내고, 이후부터 원금을 갚아나가는 방식이다.

지금은 대출 건전성이 강화돼 첫 회부터 원금과 이자를 납부하거나, 이자만 내는 거치식을 하더라도 1년 정도만 가능하니 자금계획에 맞춰 사전에 잘 알아봐야 한다.

실제 계산을 해보니 내가 매월 부담해야 하는 금액을 구체적으로 알 수 있어서 좋았다. 다행히 이때는 세 번째 직장으로 옮기면서 급여가 어느 정도 올라간 상태였다. 또한 당시는 3년 정도의 거치 기간을 부여해주었기에 매월 45만 원 정도의 이자만 납부하면 됐다. 물

금융권 대출계산기를 활용한 대출 한도별 부담액

구분	LTV 30퍼센트	LTV 50퍼센트	LTV 70퍼센트
대출원금	0.9억 원	1.5억 원	2.1억 원
거치식 (이자만 납입)	195,000원	325,000원	455,000원
원리금균등상환	360,306원	600,510원	840,713원

※ 3억 원을 기준으로 상환 기간 30년, 대출이자 2.6퍼센트로 가정한다.

론 3년이 지나면 매월 80만 원 정도를 납부해야 해서 부담이 됐지만, 실제 주거 공간이 주는 안정감과 추후의 이득을 생각하면 이 정도는 충분히 감당할 만하다고 판단했다.

나는 원금과 이자를 익월부터 바로 납부하는 것보다 거치식을 선택했는데, 아무래도 이런 거래를 처음 하다 보니 현금 흐름을 나에게 조금이라도 유리하게 하는 편이 좋겠다는 생각이 들어서였다. 그 결과 '대출 한도는 집값의 70퍼센트 그리고 매월 이자만 나가게 하되, 부담을 줄이기 위해 상환 기간은 최장기인 30년으로 하자'라는 결론에 도달했다.

현재는 이 상환 기간을 35년까지 선택할 수 있다.

대출계산기 이용하기

대출계산기를 이용하면 갚아나가야 하는 원금과 이자를 간단히 계산할 수 있다. 포털 사이트 검색창에 '대출계산기'라고 입력하면 계산을 할 수 있는 창이 뜬다. 빈칸에 희망 대출 금액과 기간 등을 입력하면 된다.

출처: 네이버

회차	납입원금	대출이자	월상환금	대출잔금
1	385,713	455,000	840,713	209,614,287
2	386,549	454,164	840,713	209,227,737
3	387,387	453,327	840,713	208,840,351
4	388,226	452,487	840,713	208,452,125
5	389,067	451,646	840,713	208,063,058

월별 상환금과 대출잔금 원리금균등상환

353	826,282	14,431	840,713	5,834,320
354	828,072	12,641	840,713	5,006,248
355	829,867	10,847	840,713	4,176,381
356	831,665	9,049	840,713	3,344,717
357	833,467	7,247	840,713	2,511,250
358	835,272	5,441	840,713	1,675,978
359	837,082	3,631	840,713	838,896
360	838,896	1,818	840,713	0

출처: 네이버

원리금균등상환 방식은 매달 상환 금액이 같기 때문에 자금 계획을 세우기가 쉽다.

대출이 꼭 나쁜 것일까?

이쯤에서 '대출'에 대해 짚고 넘어가자. 우리는 어려서부터 빚은 좋지 않으니, 있다면 빨리 갚아야 한다고 배웠다. 그런데 이상하지 않은가? 초·중·고 12년 동안 열심히 공부했건만 학교에서 대출에 대해 제대로 배워본 적이 없으니 말이다. 게다가 나는 대학에 가서 경영학을 전공했는데도 대출에 대해 이론적인 부분만 배웠을 뿐, 부동산 계약을 하거나 집을 살 때 대출을 어떻게 활용하면 좋은지에 대해서는 어떤 정보도 접한 기억이 없다.

그런데 우리 부모님은 달랐던 듯하다. 사업을 해서 그랬던 걸까. "사업을 하면서 자기 돈만 가지고 하는 경우는 거의 없다"라는 말을 자주 해서 나도 그런 점을 자연스럽게 배운 것 같다. 물론 부모님의 사업이 부도난 결정적 계기가 채무를 제때 못 갚아서이긴 하지만, 그렇다고 아예 대출을 하나도 받지 못했다면 사업 자체를 못 했을 것이다. 무리한 사업 확장으로 대출을 못 갚는 것이 문제지 대출 자체가 나쁜 건 아니다.

또 하나, 재테크 강의의 단골 소재 중 하나가 돈의 가치다. 예를 들면 '지금 100만 원이라는 돈의 가치가 10년 또는 20년이 지나면 크게 떨어지므로 재테크를 통해 계속해서 늘려가야 한다'라는 설명이다. 이걸 반대로 해석하면 지금 갚아야 하는 50만 원의 대출원금이 있다고 할 때, 만약 30년 후에도 똑같이 50만 원이라면 그때 실제 가치는 훨씬 떨어져 있다는 것이다.

오른쪽 도표를 참고해서 살펴보자. 3억 원 기준 LTV 70퍼센트로 2억 1,000만 원을 대출받고, 이를 30년 동안 2.6퍼센트의 이율로 갚아나간다면 원리금균등상환 방식의 경우 첫째 달도 840,713원이고 30년 후에도 840,713원이다. 그런데 이는 표면적인 금액일 뿐이며 30년 후 실제 돈 가치는 훨씬 낮아진다. 예를 들어 30년 전 짜장면 값은 500원이었으나 지금은 평균 6,000원대다. 30년 후 짜장면 값은 분명 6,000원보다 클 것이다. 즉 돈의 가치가 그만큼 떨어진다는 뜻이다.

이렇게 생각하면 '적절한 대출이 도움을 준다'라고 결론을 내릴 수 있다. 여기에 한 가지를 더 생각해봐야 하는데, 바로 '기회비용'이다.

원리금균등상환 방식의 장점

회차	납입원금	대출이자	월상환금	대출잔금
1	385,713	455,000	840,713	209,614,287
2	386,549	454,164	840,713	209,227,737
3	387,387	453,327	840,713	208,840,351
4	388,226	452,487	840,713	208,452,125
5	389,067	451,646	840,713	208,063,058
6	389,910	450,803	840,713	207,673,148
7	390,755	449,958	840,713	207,282,393
8	391,602	449,112	840,713	206,890,791
9	392,450	448,263	840,713	206,498,341
10	393,300	447,413	840,713	206,105,041
11	394,152	446,561	840,713	205,710,888
12	395,006	445,707	840,713	205,315,882
348	817,389	23,325	840,713	9,947,905
349	819,160	21,554	840,713	9,128,746
350	820,934	19,779	840,713	8,307,811
351	822,713	18,000	840,713	7,485,098
352	824,496	16,218	840,713	6,660,602
353	826,282	14,431	840,713	5,834,320
354	828,072	12,641	840,713	5,006,248
355	829,867	10,847	840,713	4,176,381
356	831,665	9,049	840,713	3,344,717
357	833,467	7,247	840,713	2,511,250
358	835,272	5,441	840,713	1,675,978
359	837,082	3,631	840,713	838,896
360	838,896	1,818	840,713	0

출처: 네이버

예를 들어 어떤 사람이 특정 건에 대해 의사결정을 하는데 A와 B 안이 있다고 하자. 이 중 A를 선택한다면 B를 선택하는 데 따른 효과나 기대 등을 포기하는 것을 말한다. A를 선택함으로써 얻을 수 있는 효과가 100점이고 B를 선택함으로써 얻을 수 있는 효과가 50점에 불과하다고 할 때 A를 선택하는 것이 합리적이다. 이때 포기한 B로 인한 효과, 즉 50점이 기회비용이다.

그렇다면 기회비용을 대출과 연결해보자. 지금 당장 2억 1,000만 원이 필요한데, 대출을 통해 마련하는 방법 A가 있고, 돈을 저축해서 모으는 방법 B가 있다고 하자. 각각의 장단점은 무엇일까?

오른쪽 도표에 화살표가 그려져 있듯이 A를 선택했을 때의 장점이 B의 단점이 되고, 그 반대 역시 마찬가지다. 예를 들어 A의 장점 중 '집값 상승에 대한 리스크 헤지'는 B의 단점 '집값 상승에 대한 리스크 부담'이 되고, A의 단점 중 '대출 상환 리스크'는 B의 장점 '대출 상환 부담 없음'이 된다. 이 경우 A와 B 중 무엇을 선택해야 할까?

우선, 리스크에 대한 자신의 성향을 따져봐야 한다. 즉 리스크를 받아들이느냐 거부하느냐, 만약 받아들인다면 어느 정도까지 감당할 수 있느냐 하는 문제다. 리스크를 극도로 꺼리는 사람은 B를 선택할 가능성이 크다. 그리고 해당 자금(이 경우 2억 1,000만 원)을 모을 때까지 열심히 저축하거나 수익을 늘릴 것이다. 반면 리스크에 다소 관대한 사람은 대출을 받아 지금 집을 사고 원리금을 갚아나가는 방식을 선택할 것이다.

대출을 받는 것과 안 받는 것의 장단점

구분	A(대출 받기)	B(대출 안 받기)
장점	– 내 집 마련 – 실거주로 인한 효용 – 집값 상승에 대한 리스크 헤지	– 대출 상환 부담 없음 – 현금 흐름 충분함 – 집값 하락 리스크 없이 현상 유지
단점	– 대출 상환 리스크 부담 – 현금 흐름 부족에 따른 삶의 질 저하 – 집값 하락 리스크 부담	– 내 집 마련 기약 없음 – 전세 혹은 월세 거주 – 집값 상승에 대한 리스크 부담

당신이라면 어떤 선택을 하겠는가? 착실히 돈을 모아 집을 장만하겠는가, 아니면 당장 활용할 수 있는 자금을 최대로 끌어모아 집을 사겠는가? 이미 짐작했겠지만, 나는 A를 선택했다. 그 이유는 다음과 같다.

- 지금 활용할 수 있는 자금은 없지만, 대출원리금을 상환할 수 있는 소득(급여)은 충분하다.
- 주변 환경, 거주 안정 등의 이유로 지금 바로 이사 갈 곳이 필요하다.
- 대출 없이 목표액을 모으기까지 시간이 얼마나 걸릴지 모른다(좋은 시절 다 가고 돈 모으면 뭐하나…).
- 목표 금액을 모을 때까지 최소 몇 년은 걸릴 텐데 그때까지 집값이 그대로일 거라는 보장이 없다.

아무리 생각해봐도 B보다는 A가 유리해 보였다.

만약 B를 선택한다면 나는 무엇을 포기해야 할까? 즉, 이로 인한 기회비용은 무엇일까? B를 선택해서 대출을 받지 않는다고 가정하면 다음과 같은 결과로 이어질 수 있다.

- 정부 규제 등의 영향으로 이후 대출 한도가 줄어들 수 있다.
- 돈을 모으는 동안 집값이 저축액보다 더 빨리 올라갈 수 있다.

반면, A를 선택한다면 포기해야 하는 것은 무엇일까?

- 착실하게 돈을 모으는 기회는 포기해야 한다. → 하지만 돈을 모으려는 것도 '내 집 마련'을 위해서인데 더 빨리 목적지에 도달할 방법을 선택하는 편이 현명해 보였다.
- 집값이 떨어지면 어떻게 되나? → 집값이 떨어진다고 내가 갚아나가야 할 대출 금액이 변동되는 건 아니다. 그냥 월세라고 생각하면 되지 않을까?

이렇게 생각하니 답은 더욱 분명해졌다. 대출을 받지 않고 착실하게 돈을 모으는 선택을 한다면 앞으로 지금만큼의 대출을 못 받게 되거나, 집값이 더 빠르게 오를 수 있다. 그렇게 된다면 내가 어떻게 해볼 도리가 없다.

반대로 대출을 받으면, 앞으로 집값이 떨어지더라도 매달 원리금만 갚아나가면 된다. 게다가 집이라는 게 한번 사면 몇 년 이상은 거주하게 되니, 그동안 집값이 좀 떨어지는 시기가 있더라도 사는 기간 내에는 최소한 매입할 때의 가격으로 회복될 것으로 예상했다.

그러다 정말 안 오르면 어떻게 되느냐고? 그래도 내 집이니 우리 가족이 행복하게 살면 되지 않을까? 매달 나가는 원리금은 은행에 내는 월세라고 생각하고 말이다. 이런 과정을 거쳐 LTV 70퍼센트를 활용하겠다는 결론에 이른 뒤, 본격적으로 집을 알아보기 시작했다.

적은 돈으로
알짜 아파트 구하는 기술

Step 1. 나만의 주거 기준 세우기

여러 경우의 수를 검토한 끝에 대출을 받아 집을 매수하는 게 유리하다는 판단까진 했는데, 막상 집을 사려니 막막했다.

　'집을 사려면 뭘 알아야 하는 걸까?'

　'지역이 이렇게도 넓은데 어디서부터 찾아야 하지?'

　'내가 원하는 집이 있기는 한 걸까?'

　이런 생각들이 꼬리를 물고 이어졌다. 가장 답답한 건 무엇부터 시작해야 할지 잘 모르겠다는 것이었다.

나는 뭔가 고민이 되거나 잘 안 풀릴 때는 항상 아내와 이야기를 나눈다. 이때도 우리 부부는 머리를 맞대고 함께 고민했다.

"지금 사는 곳(서울 광진구)에서 판교까지 출퇴근하려면 거리가 너무 멀긴 해. 직장과 좀 더 가까우면 좋겠지만, 어디든 지하철역 가까이에만 집이 있다면 괜찮을 것 같아. 지하철 타고 오갈 때 뭔가를 하면 되니까."

"나는 산과 나무를 아주 좋아하잖아. 그래서 주변 환경이 더 쾌적하면 좋겠어. 주변에 공원 같은 게 있으면 애 키우기도 좋을 것 같아."

그때는 몰랐다. 이렇게 부부 나름의 기준을 세우는 것이 얼마나 중요한지를. 여러 차례 대화를 나눈 후 우리 부부는 다음과 같은 기준을 정했다.

- 예산은 대출을 포함해서 3억 원 내외로 한다.
- 지하철역 인근으로 구하되, 지하철로 이동하는 시간은 1시간 내외로 한다.
- 주변에 공원이 있거나 녹지가 많이 조성된 지역으로 한다.

이렇게 세 가지를 기준으로 했다. 이 요건들을 충족하면 집을 사기에 나쁘지 않다고 판단한 것인데, 나중에 보니 이 기준은 아주 기본적인 것이었다. 이사를 거듭할수록 더 늘어나고 체계가 잡혀 우리 부부는 좋은 집을 마련하는 기준을 세울 수 있었다.

지금 내 집 마련을 계획하고 있다면 당신도 자신만의 기준을 세워보길 바란다. 사람마다 생각이 비슷하기에 크게 차이가 나진 않을 것이다. 중요한 건 자신이 원하는 거주 조건을 계속해서 수정하고 보완해나가는 것이다. 이 책에서 우리 부부의 내 집 마련 기준이 어떻게 바뀌어가는지를 보고 참고해도 좋으리라 생각한다.

Step 2. 지하철 노선도 집중 탐구

좀 어설퍼 보이지만 그래도 내 집 마련의 세 가지 기준을 정했다. 그중 첫 번째 기준인 예산은 큰 문제가 아니었다. 대출을 받고, 남은 금액은 현재 살고 있는 집 보증금과 저축한 금액을 보태면 되기 때문이다.

그런데 2020년 2·20 대책 이후 서울 및 수도권 조정대상지역의 경우 시가 9억 원 이하의 주택에 대한 LTV는 50퍼센트, 9억 원 초과는 30퍼센트로 제한된 데다 집값도 많이 올라 더 철저한 준비가 필요할 것이다(이 장의 말미에 덧붙인 '2020 Hot issue'에서 부동산 대책 이후의 대출 활용법에 대해 더 자세히 다뤘다).

두 번째 기준은 교통이다. 이 문제를 해결하기 위해 나는 '지하철 노선도'에 집중했다. 자동차로 출퇴근하면 시간이 너무 많이 걸리고 피곤하며 교통비(유류대)의 낭비가 심하다는 생각이 들어 바로 포기했다. 버스도 생각해봤지만, 이 역시 대안이 되지 못했다. 원래부터 버스 타는 걸 그다지 좋아하는 편이 아니었던 데다, 교통 체증 등 변수를 생각하면 출퇴근에 걸리는 시간이 불규칙할 수 있기 때문이다. 그렇게 따져보니 남은 건 지하철밖에 없었다.

이처럼 가능한 모든 변수를 테이블에 올려놓고 그중 가장 마음에 드는 걸 고르거나, 반대로 싫어하는 항목을 하나씩 제외해가면서 최종적으로 자신이 원하는 걸 선택하면 된다.

그렇다면 당시 살던 집(서울 광진구)에서 직장(판교)까지 지하철 이동 시간은 얼마나 걸릴까?

포털 사이트의 '길 찾기' 서비스로 조회해보니 지하철로 이동하는 시간만 54분이 걸렸다. 여기에 집에서 지하철역까지 가는 시간과 지하철에서 내려 회사까지 가는 시간 등을 고려하면 1시간 반 정도가 된다. 즉, 왕복 3시간이다.

그런데 서울에서 판교로 가는 방법만 있는 걸까? 그렇지는 않다. 반대로 판교에서 서울로 올라오는 길도 있다.

다음 지하철 노선도를 보자. 2014년 당시 지하철 노선도를 보면 신분당선이 정자역까지 연결되어 있고(2020년 현재는 광교까지 개통되어 있으며, 호매실까지 더 연장될 예정이다), 정자역에서 분당선과 만난다.

나는 이 지하철 노선도에 나와 있는 역 근처의 모든 아파트를 찾아보기로 했다. 이유는 '잘 모르기' 때문이다. 아는 게 별로 없으니 하나하나 모두 확인해봐야겠다는 생각이 들었다. 지하철역이 아주 많아서 힘들 것으로 예상했지만, 뜻밖에도 싱겁게 끝났다. 그 이유는

당시 거주지 광진구에서부터 근무지 판교까지의 지하철 소요 시간

신분당선 하행선(2014년 기준, 정자까지 운행)

다음과 같다.

'예산에 맞는 집이 없다!'

Step 3. 예산에 맞는 지역 찾기

우리 부부의 당시 내 집 마련 기준 중 첫 번째가 '대출 포함 3억 원 이내'였다. 이 말은 시세가 3억 원 정도 하는 집을 찾아야 함을 의미하는데, 군자역에서부터 판교역까지 쭈욱 훑어보니 3억 원 이하인 집이 많지 않았다. 아니, 거의 없었다!

7호선 군자역에서 시작해 고속버스터미널로 내려갈수록, 즉 강남에 가까워질수록 당연하게도 집값이 올라갔다. 집값은 양재역에서 정점을 찍었고, 이후 신분당선의 모든 역(2014년 기준, 강남-양재-양재시민의숲-청계산입구-판교-정자) 근처 아파트는 아예 조사할 필요조차 없을 정도였다.

이 상황을 보고 웃어야 할지 울어야 할지 참 난감했다. 힘들게 역마다 아파트 시세를 조사할 필요가 없어졌다는 건 다행이었지만, 한편으론 '집값이 이렇게나 비싸다니!' 하는 생각에 참담했던 기억이 난다.

속이 쓰렸지만 그래도 포기할 순 없으니 다른 노선도를 찾아봤다. 바로 옆의 분당선부터 시작해보기로 했다. 선릉역에서 출발해 아래로 내려갔는데, 이 노선 주변 역시 우리 예산을 한참 초과했다. 그런

3억 원으로 주택 매수가 가능했던 분당선 구간(2014년 기준)

출처: 네이버 지도

데 밑으로 내려갈수록 집값이 점점 낮아지더니 '보정-구성-신갈-기흥'에 이르자 어느 정도 조사해볼 만한 녀석들이 보이기 시작했다.

선릉역부터 기흥역까지는 모두 23개 역이 있었지만 이 중 실질적으로 조사가 필요한 역은 네 개 정도에 불과했다. 이제 이 역들 주변 아파트를 전수조사하기로 했다.

기흥역을 마지노선으로 삼은 데 특별한 이유가 있었던 건 아니다. 기흥에서 판교까지 지하철 이동 시간이 30분 정도인데 그보다 더 오래 걸려서는 안 될 것 같다는 단순한 생각에서였다. 거듭 말하지만, 이런 문제에 정답이라는 건 없다. 자신만의 기준을 세우고 그에 맞춰 진행하면 된다.

Step 4. 관심 아파트 찾기

예산을 정하고 판교까지 통근할 수 있는 지하철 노선도를 따라 조사해보니 분당선 중 '보정-구성-신갈-기흥' 정도가 눈에 들어왔다. 이 네 개 역을 중심으로 인근 경매 물건은 물론이고, 부동산에 나와 있는 매물을 모두 조사하기 시작했다.

지금이야 다른 방식으로 접근하기도 하지만, 당시엔 부동산에 대해 아는 게 없었기 때문에 우리 부부는 세 가지 기준만을 가지고 거기에 맞는 집을 찾아 나섰다.

당시 나는 어떤 지역이나 동네에 관심이 가면, 그 인근의 물건이 나온 게 있는지 부동산에 전화해보라고 아내에게 부탁하고 출근하곤 했다. 퇴근 후에는 경매 물건을 찾는 것이 일상이었다.

그러던 중, 우리 부부의 기준에 어느 정도 부합하는 물건을 발견했다. '부동산은 발품'이라는 말이 있듯이, 일주일의 여름 휴가 내내 서울 광진구에서 용인까지 매일 차를 끌고 가서 집을 봤다. 하루도 빠지지 않고 날마다 서울과 용인을 오가다 보니 당시에는 무척 힘들었지만, 그렇게 했기에 마음에 드는 집을 찾아낼 수 있었다.

용인 신갈역 주변에 있는 아파트였는데, 당시 조건을 정리하면 다음과 같다.

- 매매가: 3억 1,000만 원
- 지하철역에서 도보 15분 내외

- 인근에 공원 등 녹지 공간 풍부
- 신갈역에서 판교역까지 지하철 이동 시간 23분

자, 어떤가. 당신이라면 이 집을 매수하겠는가? 100만 원 안팎의 컴퓨터나 가전제품을 살 때 우리는 기능을 꼼꼼히 살피고 최대한 싸게 살 방법을 찾아 가격도 열심히 비교한다. 그렇다면 무려 3억 원이 넘는 집을 살 때는 더 꼼꼼하고 신중해져야 하지 않을까?

우리 부부가 세웠던 기준을 다시 한번 보자.

- 예산은 대출을 포함해서 3억 원 내외로 한다.
- 지하철역 인근으로 구하되, 지하철로 이동하는 시간은 1시간 내외로 한다.
- 주변에 공원이 있거나 녹지가 많이 조성된 지역으로 한다.

우선 첫 번째 조건은 어느 정도 맞춘 것 같다. 두 번째 조건인 지하철 이동 시간은 만족스러우나 집에서 지하철역까지가 멀었다. 세 번째 조건은 만족스러웠다. 세 가지 조건 중 둘은 만족하지만 하나가 조금 모호했다.

그렇게 우리 기준을 따져보고 있는데, 부동산중개소에서 우리에게 이 아파트의 1층 집을 권했다.

Step 5. 매수 전 마지막 점검

우리에게 1층을 권한 부동산중개소 사장님은 정원이 있으니 애 키우기 좋다고 몇 번이나 강조했다. 우리 역시 아이를 생각하니 베란다 문만 열면 보이는 정원에 혹할 수밖에 없었다. 게다가 그 공간이 '서비스 면적'으로 우리 세대만 사용할 수 있다는 것이다.

그 시간 이후로 우리 부부는 1층 정원에서 텃밭도 가꾸고 바비큐 파티도 하는 즐거운 상상을 했다. 그렇게 거의 계약 직전에 이르렀다.

하지만 결국 우리 부부는 그 집을 계약하지 않았다. 왜 그랬을까? 그간 고생해서 찾은 집일뿐더러, 사전에 세운 기준에도 거의 부합하는데 말이다.

계약을 하지 않은 데는 다음과 같은 몇 가지 이유가 있었다.

먼저, 지하철역에서 너무 멀다는 점이다. 지하철을 타는 시간만 보면 1시간 이내지만, 집에서 역까지 걸어가는 데 15분이나 걸렸다. 물론 마을버스를 탈 수도 있겠지만, 알다시피 환승은 여간 거추장스러운 일이 아니다. 날마다 출퇴근하는 나는 물론이거니와 서울에 지인들을 만나러 가거나 볼일을 보러 가는 아내도 고달프겠다는 생각이 들었다.

둘째, 분당선이 생각보다 매력적이지 않았다. 기존에 항상 이용하던 7호선과 비교해보면 배차 간격이 상당히 길었다. 게다가 중간중간 죽전까지만 운행하는 전철이 끼어 있어 불편하겠다는 생각이 들었다.

셋째, 1층치고 생각보다 싸지 않았다. 1층의 장점은 아이들이 마음

껏 뛰어놀 수 있고, 어르신 세대도 선호한다는 점이다. 반면 방범 문제에 상대적으로 취약하고 조망권이 없다는 단점이 있다. 그래서 아무래도 다른 층에 비해 가격이 낮을 수밖에 없다. 1층을 선택한다면 그만큼 가격이 낮아야 어느 정도 단점이 보완이 되는데, 당시 제시한 가격 3억 1,000만 원은 그게 아니었다.

오른쪽 도표의 KB시세(KB국민은행에서 제공하는 부동산 시세 지표)만 봐도 알 수 있다. 2014년 7월 당시 KB시세를 보면 1층의 매매 기준 '하위평균가'가 2억 8,000만 원이 약간 넘는 것을 알 수 있다. 그런데 이보다 훨씬 높은 3억 1,000만 원이라니, 그렇게 비싸게 살 수는 없었기에 계약을 하지 않은 것이다.

우리는 썩 마음에 들었던 그 아파트를 계약 직전에 포기했다. 수많은 집을 보고 그 지역에 대한 공부도 나름대로 많이 했는데 계약을 하지 못해서 너무나 허탈했다.

'이제 어디로 가야 하나?'

'과연 우리에게 맞는 집이 있을까?'

무척이나 아쉬운 마음이었지만 그렇다고 무턱대고 계약을 할 수는 없었다. 다시 서울과 판교 근처에서 열심히 찾아봤지만, 3억 원으로 집을 구하기란 만만치 않았다. 결국 우리 부부는 눈물을 머금고 '빌라 전세라도 알아보자'라고 방향을 바꿨다.

여기까지는 내가 부동산에 관심을 가지고 처음 집을 알아보러 다

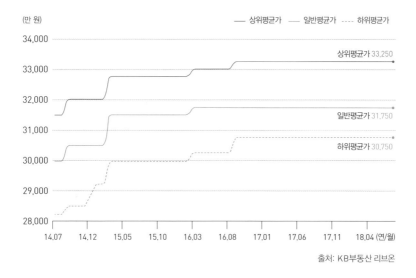

용인 신갈역 주변 아파트의 당시 KB지수

(만 원)

— 상위평균가 — 일반평균가 ⋯⋯ 하위평균가

상위평균가 33,250
일반평균가 31,750
하위평균가 30,750

출처: KB부동산 리브온

넜을 때의 이야기다. 실제 아파트 계약이 성사되지 않았는데도 이렇게 상세하게 서술한 이유는 집을 찾는 과정, 의사결정 과정이 내 집을 구하고 싶지만 두렵고 막막한 사람들에게 도움이 될 것 같아서다.

지금 돌이켜 생각해보면 이때는 부동산 지식이 많지 않았고, 가용할 돈도 굉장히 적었는데도 최선을 다해 정석대로 집을 잘 알아봤다고 생각한다. 마지막에 매수를 포기했던 선택도 결론적으로 좋은 결과를 가져왔다.

모두가 많은 돈을 가지고 시작할 수는 없다. 현재 집값이 가지고 있는 돈에 비해 턱없이 높아 보여도 좌절하지 말라. 자신의 예산 안에서 현실적인 기준을 몇 가지 세운 후 접근한다면, 반드시 서울 안의 값비싼 아파트가 아니더라도 만족스러운 거주 환경을 마련할 수 있을 것이다.

부동산은
실전이다

사장님, 집 좀 보여주세요!

비참했다. 어떻게든 좀 더 좋은 환경에서 아이를 키우기 위해 생애 첫 집을 찾아 다녔지만 결국 성공하지 못했다. 지금은 당시 계약을 포기한 결정이 잘한 것이라는 사실을 알고 있지만, 그때는 알 길이 없었으니 그저 힘만 빠졌다.

우리는 쉬지도 못한 채 여름을 나고 있었다. 힘들고 답답했지만 그래도 가만히 앉아 있을 순 없었다. 빌라 월세 만기가 다가오고 있었고 이대로 지낼 수는 없다고 느꼈기에 우리 부부는 다시 빌라 전세를 알아보러 인근을 돌아다녔다.

'그래도 빌라 전세는 금방 구할 수 있겠지'라고 생각했지만, 부동산중개소를 한두 군데 돌아본 우리는 절망감을 느꼈다. 물건 자체도 드물뿐더러 간혹 나와 있는 전세 물건은 지금 살고 있는 곳보다 더 나쁘면 나빴지 절대 좋아 보이지 않았다.

날은 덥고 실망감은 최고치에, 힘은 쭈욱 빠졌다. 점심도 먹는 둥 마는 둥 하고 집으로 돌아가는데, 땡볕에 고생하는 아내가 안쓰러워서 택시를 타자고 했다. 비록 짧은 거리였지만 날이 너무 더워 아내를 더 고생시키고 싶지 않다는 마음이었다.

택시를 타고 집에 거의 도착했는데, 문득 '저 위쪽으로 좀 가면 아파트가 보이던데…' 하는 생각이 들었다. 그래서 택시 기사에게 위쪽으로 조금만 올라가 달라고 했다. 얼마 안 가 부동산중개소가 보이자 그 앞에서 내렸다. 부동산중개소에 들어간 우리는 용인에서 수없이 했던 것처럼 기운차게 말했다.

"사장님, 집 좀 보여주세요!"

거리보다는 소요 시간

당시 우리가 살던 집 인근 전철역은 5·7호선 군자역이었는데 집에서 역까지 걸어서 15분 정도가 걸렸다. 통상 역세권이라고 하면 역에서 500미터, 아무리 멀어도 1킬로미터 이내를 의미한다. 우리 집은 역까

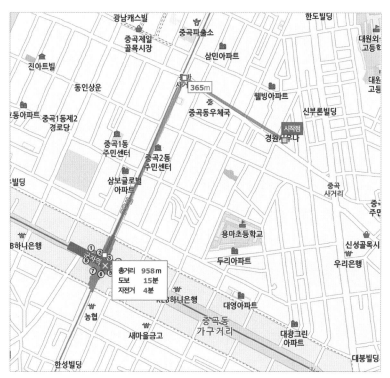

당시 살던 빌라에서 지하철역까지의 거리

지의 거리가 960미터 정도로 걷기에는 살짝 멀고, 그렇다고 버스를 타자니 적당한 노선은 없는 '모호한' 위치였다.

그런데 당시 나는 왜 택시 기사에게 "위로 올라가 주세요"라고 했을까? 직장에서 더 멀어지는데 말이다.

보통 좋은 집을 구하는 요건 중 하나로 '직장에서 가까울 것'을 꼽는다. 즉, 집에서 직장까지 얼마나 떨어져 있는지 물리적 거리를 기준으로 의사결정을 하는 경우가 많다. 그런데 당시 내 생각은 이랬다. 판교로 직장을 다녔던 나의 기준으로 지하철역 두 정거장이 멀어지면 발생할 일은 아래와 같았다.

- 지하철 두 정거장을 더 가는 데 걸리는 시간: +5분
- 새로 이사하는 집이 역에서 가까울 경우 집에서 역까지 가는 시간: 7분 → 따라서 기존 15분에서 약 8분이 줄어든다.
- 결론: 지하철 두 정거장이 늘어나지만 집이 지하철역에서 가까워진다면, 전체 통근 시간은 비슷하거나 오히려 줄어들 수도 있다.

즉, 단순히 물리적 거리가 아니라 시간 관점에서 접근한 것이다. 중요한 것은 집에서 직장까지 얼마나 빠르게 갈 수 있느냐이기 때문이다.

이 방법은 지금도 매우 유용할 뿐만 아니라 앞으로는 교통수단이 더 발달할 것이기에 꼭 알아두어야 한다. 집을 고를 때 절대적 거리보다 소요 시간이 중요하다는 것을 염두에 두고 선택을 해야 한다.

서울 한복판에 집을 마련하다

그렇게 우리 부부는 무작정 부동산 사무실로 들어갔다. 사무실은 꽤 한가했던 것으로 기억한다. 부동산 사무실은 남들이 잘 가지 않을 때 방문하는 것이 중요한데, 그렇게 해야 물건을 하나라도 더 볼 수 있기 때문이다. 계약을 하게 될 때도 상대적으로 유리한 입장에서 협상할 수 있다. 이런 사실을 부동산중개소를 수차례 방문하면서 알게 됐다.

우리는 부동산중개소에 들어서자마자 사장님께 '햇빛 잘 들고, 가격대는 3억 원 언저리로 괜찮은 집이 있으면 소개해달라'고 요청했다.

기다리는 동안 부동산 사무실 벽에 걸린 지도를 봤다. 용마산역까지 직장인 판교와 두 정거장이 멀어지지만 그래도 이 지역의 아파트는 용마산역에서 걸어서 7분 정도면 충분했기에 위치상으로는 여기가 더 낫다고 판단했다. 적어도 내가 원하는 기준은 충족한 셈이다.

아내가 원하는 조건도 충족했다. 바로 옆에 용마산이 있고 폭포공원까지 있는 게 아닌가. 진짜 폭포가 아니라 인공 폭포이긴 하지만 단지 바로 앞이라 아내도 만족하고 애 키우기에도 좋겠다고 생각했다.

이렇게 세 가지 요건 중 두 가지는 충족됐고, 이제 남은 건 예산이다. 가격만 어느 정도 맞으면 된다. 우리 부부는 3억 원 또는 3억 원 초반 정도의 집이 있기를 바라며 부동산 사장님을 기다리고 있었다. 드디어 부동산 사장님이 집을 보러 가자고 했다.

처음에 사장님은 단독 중개 물건을 몇 개 소개했다. 아무래도 자신에게 유리한 걸 먼저 보여주기 마련 아닐까. 이어서 공동 중개 물건을 보여주었는데, 우리 부부는 그 아파트가 가장 마음에 들었다. 이유는 다음과 같다.

- 남향집으로 햇빛이 오후 늦게까지 잘 든다.
- 다른 집에 비해 상태가 좋고 깨끗하게 잘 관리되어 있다.
- 가격이 저렴하다.
- 로열층으로 전망이 뛰어나다.
- 추후에 매도할 때 조건이 유리하다.

특히 가장 마음에 든 건 가격이었다. 그 집은 20층 건물 중 11층으로 흔히 말하는 로열층이었고, 향도 남향이었다. 이 정도면 당시 3억 6,000만 원에서 3억 7,000만 원 정도로 가격이 형성되어 있었지만, 그 집은 3억 3,500만 원이라고 했다.

대출을 포함하여 3억 원을 예산으로 정했던 터라 계획을 조금만 수정하면 될 것 같았다. 여러 조건들을 따져보니 우리 부부가 찾던 바로 그 집이라고 생각했다.

집이 마음에 들었던 우리는 아이와 함께 가서 다시 한번 방문했다. 여전히 좋아 보였다. 나는 이런 감정을 무척 중요하게 생각한다. 집을 구할 때는 첫 번째 느낌보다 두 번째 느낌이 좋아야 하고, 세 번째도 앞서 두 번 봤을 때보다 느낌이 좋으면 그 집을 택하는 경향이 있다.

단독 중개 물건 vs. 공동 중개 물건

한 곳의 사무실에만 등록되어 있는 물건을 '단독 중개 물건'이라고 한다. 즉 매도자가 해당 부동산 사무실에 물건을 내놓았는데 매수자가 이 사무실을 찾아오면 매도와 매수를 혼자 중개하게 된다. 이때 거래가 성사되면 부동산 사무실 사장님은 매도자와 매수자 양쪽에서 수수료를 받을 수 있다. 이런 물건의 장점은 중간에 거래를 성사시키는 사장님의 역량에 따라 싸게 사거나(매수자 유리) 비싸게 팔 수(매도자 유리) 있다는 것이다.

이에 비해, 집을 보러 가는데 다른 부동산 사무실 사장님이 와서 보여준다면 이는 '공동 중개 물건'이다. 즉 매도자 측 부동산 사무실이 있고, 매수자 측 부동산 사무실이 있는 경우다. 두 사장님이 각자 자기 쪽 의뢰자의 입장을 대변하게 되므로 협의가 잘 안 되는 경우도 더러 있다.

이렇듯 부동산 사무실이 매물을 어떻게 중개하는지에 따라 중간 과정과 결과가 달라질 수도 있으므로 이 점을 알고 접근하는 것이 필요하다.

이건 말로는 설명하기가 조금 힘들고, 많은 집을 봐야 어느 정도 '감'이라는 게 생긴다.

우리 부부는 그 집을 딱 두 번 보고 매수해야겠다고 마음먹었다. 그때 깨달았다. 바로 이 집을 고르기 위해 그동안 부지런하게 집들을 봤다는 걸. 그 경험이 있었기에 이 집은 단 두 번만 보고 매수 결정을 할 수 있었던 것이다.

부동산 사장님에게 매수 의지를 밝히고 계약을 하고 싶다고 말했다. 사장님은 잘 생각했다며 잠깐 기다리라고 했다. 공동 물건이기에 상대방 측 부동산 사무실에 추가로 뭔가를 확인하나 보다 생각했다.

이윽고 그쪽에서 연락이 왔는데 계약금을 매도자의 친누나 계좌로 입금하면 된다고 했다. 집을 매수하는 게 처음이긴 하지만, 그래도 뭔가 이상한 것 같아서 "왜 당사자 계좌가 아니라 가족 계좌에 입금해야 하나요?"라고 물었다. 답변인즉, 매도자가 미국 시민권자라서 우리나라 은행에서 만든 계좌가 없다는 것이었다.

우리 부부가 한눈에 반한 그 집은 주인이 미국 시민권자였다. 앞으로의 계약 과정이 순탄치 않으리라는 불안감이 엄습했다.

계약서 날인 전까지의 줄다리기

너무나도 황당했다. 가격이 예산을 좀 넘었지만 그래도 그 정도는 어떻게든 융통해볼 수 있었기에(사실 다른 집은 더 비싸서 아예 엄두를 낼 수도 없었다) 매수를 결정한 것인데, 집주인이 미국 시민권자로 현재 미국에 있다니….

그럼, 지금 그 집에 살고 있는 세입자는 보증금을 어떻게 냈느냐고 물어봤다. 그 세입자도 집주인의 누나 계좌에 넣고 살고 있다고 했다.

그러면서 부동산 사장님은 지금까지 아무 문제 없었으니 괜찮다고 했다. 하지만 이는 매우 위험한 거래로, 집주인에게 문제가 생기면 자칫 보증금을 한 푼도 돌려받지 못할 수도 있다. 거액의 돈이 오고가는데 이런 위험을 부담할 수는 없었다.

우리가 우려를 표명하자 부동산 사장님은 '절대 그럴 리 없다'고 잘라 말했다. 아무리 집이 마음에 들고 월세 만기가 다가와 이사를 가야 하는 상황이긴 했지만, 계약을 잘못하면 전 재산을 한 번에 날릴 수도 있었다. 경매 공부를 통해 그런 일을 수없이 접한 터라 고민이 안 될 수가 없었다.

솔직히 포기하고 다른 집을 구해볼까도 생각했지만, 조건(교통, 녹지, 가격 등)이 너무나도 좋았기에 그 물건을 포기할 수는 없었다. 그래서 주변 지인, 인터넷 검색, 책 등을 통해 다음과 같은 안전장치를 달기로 했다.

- 매도자가 한국에서 만든 계좌가 있는지 다시 찾아본다. 없다면 매도자 명의의 글로벌 뱅킹(예: 씨티은행) 계좌로 거래한다. 어떤 경우에도 본인이 아닌 다른 계좌로는 거래하면 안 된다.
- 본인이 매도자가 맞는지, 매도 의사가 있는지 문자로 남기게 한다.
- 잔금일에는 한국에 오게 해 매도자에게 직접 잔금을 치르게 한다.
- 서류 준비를 철저히 한다.

여기에 우리 부부는 인테리어를 위해 2주간의 공사 기간을 달라고
도 요청했다. 지금 생각해보니 참으로 당찬(?) 요구였는데, 왜냐하면
매도자가 그렇게 하기 위해서는 지금 살고 있는 세입자에게 자기 돈
으로 보증금을 내주어야 하기 때문이다.

하지만 무식하면 용감하다고 했던가. 우리 부부는 어떻게든 처음
마련한 집을 예쁘게 꾸미고 잘 지내보고자 그런 부탁을 했고, 다행
히 매도자도 승낙하여 계약서 특약에 이를 추가했다.

다행히 일은 잘 해결됐다. 매도자로부터 한국에서 만든 계좌를 찾
았다고 연락이 와서(솔직히 처음 이 소식을 들었을 때는 기쁜 마음보다는
의심이 더 컸다) 수월하게 계약을 했고, 중도금은 없이 곧바로 잔금을
치르는 것으로 했다.

사전에 집을 비워줌으로써 생애 첫 집을 예쁘게 꾸밀 기회도 얻었
다. 여기에 미국 시민권자는 외국인으로서 국내인과는 달리 준비해
야 할 서류가 있는데(예를 들어 외국인은 인감증명서가 없기에 영사관에
서 본인서명사실확인서를 발부받아야 한다), 이 역시 경매를 하는 아버지
의 도움으로 체크할 수 있었다. 모든 일이 수월하게 진행돼 계약을 잘
마무리했다.

처음에는 다들 '무모하다'고 했다. 굳이 이런 물건을 매수해서 리
스크를 떠안을 필요가 있느냐는 핀잔 아닌 핀잔도 들었다. 그러나 준
비만 잘하고, 내가 공부를 해서 상대보다 더 많이 안다면 리스크는
충분히 제거할 수 있다고 판단했다. 무엇보다 당시 형편에 이만한 집

생애 첫 집을 마련한 용마산역 인근

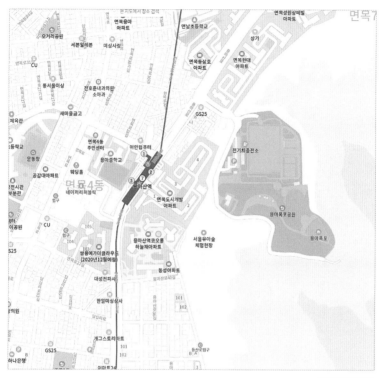

출처: 네이버 지도

이 없었기에(가격 포함), 그 물건을 꼭 가져야 했다. 여기에는 그전부터 해온 경매 공부가 한몫 톡톡히 했다.

여담이지만, 인테리어를 다 마치고 경매 사이트에 글을 올렸더니 수백 개의 축하 댓글이 달렸다. 처음에는 위험하다며 다들 반대했는데, 일이 잘 마무리돼 다행이라며 내 일처럼 기뻐해 주었다.

이렇게 우리 부부는 서울 한복판에 생애 첫 집을 마련했다.

아파트,
무조건 비교하라

가격과 가치, 어떻게 다를까?

모든 투자는 가격과 가치의 차이를 아는 것에서 시작해야 한다.

예를 들어 어떤 주부가 마트에 장을 보러 간다고 하자. 즉흥적인 장보기가 아니라 정기적으로 가는 장보기다. 이 주부는 화장지를 사려고 생각하고 있었는데, 늘 사용하던 제품이 때마침 세일을 해서 거의 반값에 구매할 수 있었다. 원래 가격이 1만 원이고 할인된 가격이 5,000원이라고 할 때, 화장지가 이 주부의 가족에게 주는 가치는 얼마일까?

가치는 눈에 보이지 않기에 정확하게 숫자로 환산할 수는 없다. 하지만 적어도 화장지의 가격, 즉 1만 원보다 크다는 것만큼은 분명하다. 예를 들어 화장지가 2만 원어치의 가치를 준다고 해보자.

이 주부는 1만 원이라는 가격을 치르고 화장지를 구입하려 했는데 마침 세일이라서 반값인 5,000원에 준다니 사지 않을 이유가 없다. 이때 주부는 이렇게 생각한다.

'어차피 계속 두고 쓰는 거니까 세일할 때 넉넉하게 사두자.'

그래서 원래 1만 원에 구매하는 화장지를 같은 가격을 치르고 두 개를 구입한다. 앞에서 화장지 하나가 주는 가치를 2만 원으로 상정했으니 총 4만 원어치의 가치를 1만 원에 구입한 셈이다.

- 화장지가 주는 가치: 2만 원/개
- 화장지의 원래 가격: 1만 원/개
- 화장지의 할인된 가격: 5,000원/개
- 1만 원으로 두 개의 화장지를 구입함으로써 총 4만 원어치의 가치 확보!

그런데 바로 옆에 세일 중인 화장지가 또 있다. 이건 5,000원보다 더 저렴한 4,000원이라고 하자. 하지만 주부는 그 화장지를 사지 않았다. 먼지도 많이 나고 얇아서 자주 끊어지는 제품이기 때문이다. 그 화장지가 주는 가치는 2만 원이 아니라 그보다 훨씬 낮은, 일테면

3,000원 정도로 볼 수 있다. 아무리 싸다고 해도 3,000원어치의 가치를 주는 제품을 4,000원에 살 이유는 없는 것이다.

부동산 실전 비교 사례법

화장지로 간단히 가치의 예를 들어봤다. 그런데 거액을 들여야 하는 집도 이런 비교가 가능할까? 당연히 가능하다! 우리 부부가 보러 다녔던 용인과 서울의 집을 사례로 하여 비교해보자.

아래 도표의 왼쪽은 처음 봤던 용인 30평 집이다. 그리고 오른쪽은 실제 취득한 서울 30평 집이다. 하나씩 비교해보면 다음과 같다.

용인 30평 vs. 서울 30평

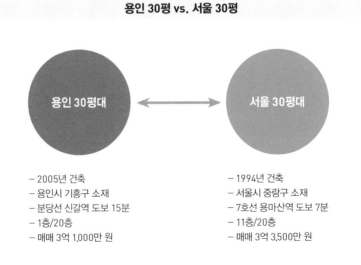

- 2005년 건축
- 용인시 기흥구 소재
- 분당선 신갈역 도보 15분
- 1층/20층
- 매매 3억 1,000만 원

- 1994년 건축
- 서울시 중랑구 소재
- 7호선 용마산역 도보 7분
- 11층/20층
- 매매 3억 3,500만 원

- 평수는 같은 30평대로 큰 차이가 없다: 무승부
- 연식은 용인이 무려 11년이나 덜 된 상품이다: 용인 승
- 소재지는 용인시 기흥구, 서울시 중랑구다. 직장과의 접근성이나 앞으로의 발전 가능성 등을 생각해보면 아무래도 서울이 조금 더 낫다: 서울 승
- 지하철역 접근성은 서울 집이 월등히 좋다: 서울 승
- 층수를 보자면 1층의 장점도 있지만, 앞으로 매도하게 될 수도 있다는 점을 고려하면 로열층인 서울이 좋아 보인다: 서울 승

이렇게 하나씩 따져보면 서울 집의 장점이 더 많아 보인다. 물론 항목마다 서로 다른 가중치를 적용해서 더 디테일하게 비교할 수 있겠으나, 우리는 자연과학을 연구하는 사람들이 아니니 그럴 필요까진 없다. 이제 결정을 내리기가 수월해졌다. 장점은 서울 집이 많은데 가격은 불과 2,500만 원 정도밖에 차이가 나지 않는다. 당신이라면 어떤 집을 택하겠는가?

데이터는 다다익선이다

앞의 '비교 사례법'에서 대부분은 서울 집을 택했을 것이다. 이렇듯 집을 구할 때 겉으로 보이는 가격은 쉽게 알 수 있지만, 집이 주는 가치는 파악하기가 어렵다. 이를 알려면 매수 후보 하나만 보지 말고

다른 집과 계속해서 비교해봐야 한다. 되도록 비슷한 평수와 연식이면 더 좋다. 10평대와 50평대를 단순 비교하는 건 무리가 있으니 말이다. 비슷한 가격일 때 '이왕이면 여길 택하겠다' 하는 생각이 들 수 있도록 가능한 한 많은 집을 봐야 한다. 나 역시 그랬고, 이사를 자주 하거나 경험이 많은 주변 사람들 역시 집을 많이 봐야 그만큼 눈에 보인다고 한목소리로 이야기한다. 그래서 '부동산은 발품'이라고 하는 것이다.

발품을 많이 팔아야 하는 이유가 하나 더 있다. 나는 운이 좋아서 좋은 부동산중개소를 만나 '공동 중개 물건'으로 마음에 쏙 드는 물건을 만났다. 그러나 모든 부동산중개소가 구매자에게 협조적이지는 않다. 같은 지역이라도 중개하는 물건의 스타일, 방법 등이 천차만별이다. 가격 차이가 있기도 하다. 조금 더 객관적인 정보를 얻기 위해서는 아래와 같은 정보를 취합한 뒤 각기 비교하는 게 좋다.

- 부동산중개소에서 보유한 실제 아파트 매물 및 정보
- 각각의 부동산중개소에서 물건을 평가하는 시각 차이
- 부동산중개소에서 말한 정보와 실제 정보가 일치하는지 확인
- KB아파트시세조회, 네이버 부동산, 호갱노노 등 각종 사설 부동산 사이트에 게재된 부동산 매물 정보

위와 같은 정보들은 손품과 발품을 통해 얻는 방법밖에 없다. 이런

저런 조건을 놓고 서로 비교해보면서 같은 가격이면 어떤 게 더 나와 맞고 더 많은 가치를 주는지 찾아보길 바란다.

부동산 분위기를 알아보는 법

부동산 전문가 사이에는 이런 말이 있다. "부동산은 분위기다." 부동산 가격은 정부 정책과 투자자들의 심리 등에 영향을 많이 받는다는 의미다. 이를 파악하기 위해서는 부동산 관련 사이트에 자주 방문해보는 게 좋다. 또는 요즘 지역별로 부동산 관련 카카오톡 단체 오픈 채팅방이 많이 열리고 있다. 이에 합류해 시시각각 바뀌는 시장과 투자자들의 관심 방향을 유심히 살펴보자.

아름다운 내집갖기(cafe.naver.com/rainup)
82만 명의 회원을 보유한 네이버 카페. 부동산 최신 뉴스와 투자자들의 반응을 바로 알 수 있다.

부동산 스터디(cafe.naver.com/jaegebal)
95만 명의 회원을 보유한 투자자 붉옹산이 운영하는 네이버 카페. 각종 강의 정보와 최신 부동산 정보가 많다.

경제적 자유와 자기경영, 다꿈스쿨(cafe.naver.com/dreamagainschool)
전문 투자자 청울림이 운영하는 네이버 카페. 투자 기초부터 경매, 절세까지 다양한 부동산 강의가 매달 소개된다. 직장인들의 자기계발을 위한 프로그램도 있다.

인테리어,
이렇게 해야 돈 된다

인테리어, 꼭 해야 할까?

부동산 계약 후 이제는 어떻게 하면 집을 예쁘게 꾸밀 수 있을지 고민이 시작됐다. 그동안 책을 통해 인테리어만 잘해도 적은 비용으로 큰 효과를 보게 된다는 사실은 익히 알고 있었다. 하지만 대부분은 투자에 대한 이야기로 정작 직접 살 집에 대한 인테리어 내용은 보지 못했던 터라 다소 난감했다. 당시 빠듯한 예산이었지만 인테리어를 무조건 해야겠다고 생각했는데, 그 이유는 대략 세 가지였다.

- 집 연식이 오래되어 수리를 해야만 한다.
- 첫 집이니만큼 할 수 있는 건 다 해보고 싶다.
- 매도자의 협조로 공사 기간을 얻게 됐으니 하지 않으면 손해(?)다.

이렇게 인테리어를 해야 한다는 당위성을 스스로 만들고, 공사를 진행하기로 했다. 지금까지 해본 적이 없지만 내 집을 직접 꾸민다는 게 뿌듯했고, 잘 꾸며놓으면 나중에 집을 팔 때도 유리하지 않을까 싶었다.

인테리어, 어떻게 하면 좋을까?

셀프 시공 vs. 업체 시공

셀프 인테리어는 지금도 유행이다. 자기 집이냐 아니냐를 떠나 자신이 사는 곳을 꾸미는 건 앞으로도 계속해서 유행할 것이다. 지금부터 인테리어 진행 방식의 차이점과 장단점 등을 살펴보자.

셀프 인테리어는 말 그대로 스스로 하는 것이다. 물론 모든 작업을 직접 한다는 얘기는 아니며, 각각의 작업에 전문 인력을 써야 한다. 어쨌든 셀프 인테리어 방식을 택하면 내가 원하는 콘셉트로 원하는 자재를 사용할 수 있으며, 비용까지 아낄 수 있어서 좋다.

하지만 전반적인 공정과 순서를 알아야 실수를 하지 않는다. 예를 들어 타일 제거 작업을 할 때 화장실만 제거하면 나중에 싱크대 벽

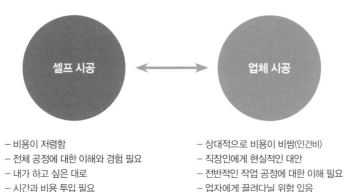

셀프 시공 vs. 업체 시공, 장단점 비교

셀프 시공

업체 시공

- 비용이 저렴함
- 전체 공정에 대한 이해와 경험 필요
- 내가 하고 싶은 대로
- 시간과 비용 투입 필요
- 하자 발생 시 A/S 어려움

- 상대적으로 비용이 비쌈(인건비)
- 직장인에게 현실적인 대안
- 전반적인 작업 공정에 대한 이해 필요
- 업자에게 끌려다닐 위험 있음

면 타일을 제거할 때 사람을 또 써야 하기에 비용이 이중으로 들 수 있다. 또한 한 사람이 모든 걸 할 수는 없고 각자 영역에 따라 일을 맡겨야 하는데, 그러기 위해서도 작업 순서를 반드시 알아야 한다.

때에 따라서는 자신이 직접 일을 해야 하는데, 직장인은 사실상 효율이 떨어진다. 같은 페인트칠인데 시간도 써야 하고 결과도 나쁘다면, 차라리 전문가에게 맡기는 게 좋지 않을까? 결정적으로, 하자가 발생했을 때 각 업체에 연락해서 A/S를 받아야 하는데 이런 관리 측면 역시 무시할 수 없다.

반면, 업체에 맡기는 경우는 전문 업체가 의뢰자의 콘셉트에 따라 일을 진행해주므로 편리하다. 대신 그만큼 비용이 많이 들어가며, 때에 따라서는 공사 진행이 원하는 대로 되지 않거나 전달이 잘못되어 다른 결과가 나올 수도 있다. 심한 경우 의뢰자와 업체 간에 다툼이 일어나기도 한다.

드물긴 하지만, 업자에게 끌려다니면서 돈은 돈대로 쓰고, 원하는 콘셉트대로 공사가 되지 않는 경우도 있다. 그러니 처음부터 선을 확실히 긋는 게 좋다. '이건 하고, 저건 절대 안 하고'식으로 정확히 얘기해야 한다.

나는 인테리어를 해보는 게 처음이었고, 직장인이었으며, 공사 기간도 충분치 않았기에 전문 업체에 맡겨 진행했다. 이때 부동산 사무실에서 업체를 소개받기도 하는데, 아무리 소개라고 해도 집주인이 의사 표현을 확실히 하고 잘 챙기는 것이 중요하다.

나 역시 부동산에서 소개를 받았는데 이 일을 오래 해왔고, 무엇보다 인테리어 사장님이 이웃 주민이어서 일을 맡겨도 괜찮겠다고 생각했다. 이웃이니 공사를 대충 하지는 않을 테고, 혹시라도 추가 요청이 있을 때도 대응이 빠르지 않겠는가. 실제로 이후에도 업체에 자잘한 서비스를 요청하면 바로바로 응해주었다.

만약 부동산에서 소개를 받기 힘들거나 다른 사정이 있다면, 지역 '맘카페' 같은 곳에 문의해보는 것도 좋다(단, 맘카페 특성상 남자는 가입이 안 된다). 맘카페에 '인테리어', '인테리어 잘하는 업체' 등의 키워드로 검색하면 다양한 경험담이 나온다.

이때 광고성 글에 속지 않는 것이 중요하다. 실제 후기 중심으로 살펴봐야 한다. 그러다 보면 그 지역 사람들이 많이 이용하는 인테리어 업체들이 두세 곳으로 좁혀진다.

그 뒤 적어도 두 곳 이상의 인테리어 업체에서 단가를 받아 꼼꼼히 살펴본 뒤 결정해야 한다. 내가 선택한 것처럼 해당 지역에서 오래 영업한 업체를 택했을 때 실패할 확률이 낮다. 그 동네 아파트의 구조 및 장단점을 타 지역 업체보다 정확하게 파악하고 있기 때문이다.

이렇게 인테리어까지 마치고 나니 정말 내 집이라는 느낌이 들었다. 우리 부부는 햇빛이 잘 드는 남향집을 선호하는데 이 집이 딱 그랬다. 새 아파트보다야 못하겠지만, 그래도 우리 가족만의 보금자리를 마련했기에 무척 행복했다.

하지만 이렇게 마련한 집을 2년도 못 살고 떠나게 됐다.

왜 그랬을까?

12·16 대책 이후
대출 똑똑하게 활용하는 법

#2020년판 #LTV #서울수도권아파트

#똑똑한상황별대출활용법

왜 전세대출이 문제가 되는가

부동산을 취득하려면 일반적으로 거액의 자금이 필요하다. 우리가 쉽게 접할 수 있는 주택만 보더라도 그렇다. 이미 서울 아파트 중위 가격은 8억 8,751만 원(KB시세, 2019년 12월 기준)에 달한다. 직장인 연봉이 5,000만 원이라고 가정할 때, 이를 하나도 쓰지 않더라도 무려 18년을 모아야 집을 한 채 살 수 있다(게다가 집값이 18년 동안 그대로라는 가정하에서다). 따라서 부동산을 취득할 때는 남의 돈, 즉 '대출'을 활용하는 것이 일반적이다. 대출은 잘만 활용하면 자산 취득의 좋은 방법이 될 수 있다. 하지만 지나치게 남용할 경우 가계경제가 어려워짐은 물론, 상환을 하지 못할 경우 부동산의 소유권을 잃을 수도 있다.

여기에 정부의 지속적인 대출 규제로 어떻게 하면 똑똑하게 대출을 활용할 수 있을지 고민이 많을 것이다. 최근 발표한 '12·16 대책'(주택시장 안정화 방안), '9억 초과 고가 주택 보유자에 대한 전세자금대출 원천 차단'을 중심으로 살펴보자.

정부는 2018년 '9·13 대책'부터 최근 내놓은 대책에 이르기까지 지속적으로 대출을 규제하고 있다. 특히 다주택자와 규제 지역을 중심으로 '돈줄'을 막고 있는 형국인데, 그 이유는 이러하다. 갑이라는 사람이 A 주택을 보유하고 있다면, A 주택에서 실거주를 하는 것이 일반적이다. 그런데 갑은 그러지 않고 A를 전세로 내놓고 본인은 B 주택에 가서 전세를 산다. 여기에서 갑이 단순히 집을 다량 보유하기를 원하는 사람이라고 가정할 경우, 일단 갑은 A 주택에 끼어 있는 전세보증금을 활용하여(이를 '레버리지'라고 한다) 차액만큼만 자기 돈을 들여 A 주택을 소유할 수 있다. 여기까지는 쉽게 이해할 수 있는 상황이다. 문제는 그다음이다.

갑이 자기 집이 아닌 B 주택에서 전세로 거주하려면 원래는 전세보증금이 모두 있어야 한다. 하지만 전세보증금에 대해서는 최대 80퍼센트까지 대출이 가능하기에 전세보증금 전액을 가지고 있어야 하는 건 아니다. 예를 들어 B 주택의 전세보증금이 5억이라면, 최대 80퍼센트인 4억까지 전세대출을 받고 자기 돈 1억만 넣어둔 채 전세로 사는 것이다. 그렇게 해서 남은 금액은 또 다른 주택, 예를 들어 C 주택 취득에 활용할 수 있다. 이때도 C 주택에 들어가 있는 보증금을 레버리지 삼아 자금 일부만 활용하여 추가로 주택을 취득할 수 있다.

이런 일련의 과정에서 갑이 당당하게 주택임대사업자로 등록해 투명하게 임대사업을 운영했다면 별문제가 되지 않을 것이다. 하지만 단순히 투기 목적이거나 과도한 차입금을 통한 무리한 주택 수 늘리기로 사업을 운영하다 파산한다면 문제가 발생한다. 앞에서 살펴본 것처럼 해당 주택(사례의 A, B, C)이 경매로 넘어갈 수 있고, 그 피해는 고스란히 세입자가 입을 수 있다. 따라서 정부는 이런 과도한 대출을 막기 위해 다주택자에 이어 고가 주택 보유자에 대해서도 전세자금대출을 막은 것이다.

다주택자(2주택 이상) 또는 9억 원 초과 고가 주택 보유자는 전세대출 원천 차단

2주택 이상 다주택자이거나 시가 9억 원 초과 고가 주택을 가지고 있다면, 2020년 1월 20일 이후에는 새로이 전세대출을 받는 건 사실상 거의 불가능해졌다. 최근 정부 정책에 따라 전세대출을 할 때는 '고가(시가 9억 원 초과) 주택을 취득하거나 다주택자가 되는 경우는 전세대출을 회수한다'라는 내용의 추가약정서를 받기 때문이다. 또한 대출을 해준 은행에서는 전세대출자의 주택 보유 현황을 최소 3개월에 한 번씩 체크한다고 한다. 그러므로 전세대출을 새로 받고 향후 2주택 이상이 되거나 고가 주택을 보유하게 되는 경우라면 해당 전세대출 만기 전에도 은행이 대출금을 회수할 수 있다는 점을 인지해야 한다.

단, 이때 9억 원 초과의 시가 기준은 KB시세 또는 한국감정원 시세 중 높은 가격을 기준으로 한다. 또한 회수 규제 적용 시 주택 취득일의 시세를 기준으로 한다는 점도 유의하자.

9억 원 이하 집을 샀는데, 집값이 올라 9억 원이 넘는 경우

9억 원 초과 주택을 단순히 보유한다고 곧바로 해당 은행이 전세대출을 회수하는 건 아니다. 앞에서 설명한 내용을 다시 보면, 고가 주택을 '취득'하거나 다주택자가 되는 경우에 전세대출을 회수한다고 했다. 예를 들어 8억 원짜리 주택을 취득했는데 이후 가격이 올라 9억 원을 초과했다고 해서 보유한 전세자금대출을 곧바로 상환해야 하는 건 아니다.

다만, 다주택자는 좀 다르다. 2020년 1월 20일 이후 전세대출을 새로 받을 당시에는 무주택이었더라도 이후 보유 주택 수가 둘 이상이 되면 언제든지 해당 은행은 전세대출을 회수할 수 있다.

기존 전세대출이 있는 경우

기존에 전세대출이 있는 경우라면 보유 주택 수 그리고 해당 주택의 가격에 따라 대응법이 달라져야 한다. 먼저 무주택자라면 별문제가 없다. 기존 전세대출 연장은 물론, 한도가 남아 있다면 추가 대출도 가능하다. 자세한 대출금액은 개인 소득 등 상황별로 모두 다르기에 금융기관 또는 대출상담사 등과 상담하여 진행토록 한다.

만약 1주택을 가지고 있는데 전세대출이 있는 경우라면 어떻게 될까? 해당 주택이 9억 원을 초과하는지에 따라 다르다. 만약 9억 원 이하라면 상황은 다소 낮다. 경우에 따라선 추가 전세대출도 가능하기에 자가 주택은 계속해서 전세를 주고 본인은 전세로 있거나 이사를 갈 수도 있다.

하지만 9억 원이 넘는 고가 주택이라면 이야기가 달라진다. 기존 전세대출이 있고 이미 9억 원 초과 고가 주택을 보유하고 있는 사람이라면 당연히 신규 대출은 불가하다. 기존 전세대출에 한해서는 연장이 되지만 신규 또는 추가 전세대출은 불가하다. 예를 들어 거주 중인 전셋집의 계약이 만료되어 집주인이 나가달라고 요구한다면 전세대출은 더 이상 활용할 수 없다.

고가 주택이 있어도 전세대출을 받을 수 있는 경우

그럼에도 항상 '예외'는 있다. 고가 주택을 보유하고 있지만 부득이한 사유라고 인정되면 전세대출이 나올 수 있다. 가장 대표적인 것이 '직장 이동'이다. 예를 들어 서울의 고가 주택에서 거주 중인데 부모 중 한 명이 지방으로 전근을 가야 하는 상황이라고 해보자. 고가 주택 보유자이기 때문에 전세대출이 나오지 않는 것이 원칙이다. 하지만 지방 발령을 받았다면 해당 지역에서 생활해야 하기에 이런 경우에는 전세대출이 지원된다. 물론 해당 인사명령 등 증빙이 되는 서류를 회사에서 발급받아 금융기관에 제출해야 한다.

또 다른 예외 사유로 '자녀 교육'이 있다. 이번에는 반대로 지방에서 서울로 이사를 와야 하는 상황이라고 가정해보자. 이 경우 역시 지방에 고가 주택을 보유하고 있더라도 필요하다면 서울 전세를 얻을 수 있도록 대출이 지원된다. 필요 서류는 자녀 재학증명서나 합격통지서 등이다. 그 밖에 질병 치료, 60세 이상 부모 봉양, 학교 폭력에 따른 전학 등도 예외 사유로 인정된다.

이상의 몇 가지 예외 사유는 얼핏 당연해 보인다. 하지만 주의해야 할 점도 있으니 꼭 체크하자. 먼저, 전근이나 자녀 교육 등의 사유일 경우 서울시나 광역시 내 구區 간 이동은 인정하지 않는다. 즉, 서울시 강동구에서 강서구로 근무지가 바뀌거나 교육 환경이 바뀌었다고 해서 대출이 나오는 건 아니라는 의미다.

또 하나, 가족이 떨어져 살아야 한다는 것을 문서로 증빙해야 한다. 예를 들어 자녀 교육 문제로 부모 중 한 명은 지방에 있고, 부모 중 한 명과 자녀가 서울로 이사를 오는 경우 지방에 거주하는 부모 중 한 명은 본인 소유 주택에서 거주하고 남은 가족은 서울에서 부득이하게 전셋집을 구할 때만 대출이 나온다는 것이다. 이는 지방에 고가 주택을 보유한 채로 온 가족이 서울로 이사 오면서 전세대출을 받을 수는 없다는 의미다.

전세대출, 어떻게 활용하면 좋을까?

우리의 목적은 대출에 대해 '공부'하는 것이 아니다. 어떻게 하면 이 대출을 활용해서 내 집 마련을 하는 데 효과적으로 활용할지를 아는 것이다. 그런 면에서 전세대출을 '강제저축' 방법으로 활용할 수 있다.

예를 들어 취득하고자 하는 집이 시세 8억 원, 전세 5억 원이라고 하자. 무주택자라면 설령 고소득자라 할지라도 전세대출을 받는 데 무리가 없다. 따라서 전세대출을 최대한 이용해서(이 경우 5억 원의 80퍼센트인 4억 원) 집을 마련하자. 또한 무주택이고 급여 생활자라면 전세자금대출에 대해 연말정산 시 소득공제를 받을 수 있다. 월세 세액공제와 달리 소득금액 제한이 없으므로 절세 효과까지 누릴 수 있다.

이렇게 해서 우선은 거주할 곳을 마련하자. 당장 목돈이 없다고 해서 한 푼 두 푼 모으려 한다면 그러는 동안 집값, 전셋값은 더 큰 폭으로 상승할 것이다. 그보다는 대출을 받아 거주 문제를 해결하고 다른 곳에서 지출을 줄여 해당 대출을 상환하는 것이 훨씬 더 빠르고 유리하다.

하지만 여기에서 그치면 안 된다. 다른 사람들 역시 이런 전세대출의 장점을 알고 있으며, 월세로 있기보단 전세로 거주하는 것을 선호할 것이기 때문이다. 따라서 이를 역으로 이용할 필요가 있다. 정부는 9억 원 초과를 고가 주택, 15억 원 초과를 초고가 주택으로 규정하여 규제책을 펴고 있다. 그런데 이런 방식은 역설적으로 시장에 9억 원, 15억 원이라는 일종의 '가격 가이드'를 제시한 것과 같다. 따라서 9억 원 이하 주택 중 선호도가 높고 대출이 나오는 비규제 지역 또는 조정대상지역이라면, 해당 주택의 가격은 빠르게 9억 원에 수렴할 가능성이 크다. 동시에 집은 매수하지 않더라도 통근이 편하고 자녀 키우기에 좋은 지역이라면 전세가 역시 가파르게 올라갈 가능성이 크다.

따라서 일단 전세대출을 통해 거주할 곳을 해결한 무주택자라면 이제부터는 9억 원 이하 집들 중 이 책에 나온 방식을 통해 선호하는 집을 선정한 뒤, 여건이 허락하는 한도 내에서 가장 좋은 집을 최우선으로 매수하는 전략으로 가는 것이 유리하다. 특히 규제 지역이라 할지라도 조정대상지역이라면 무주택인 경우 LTV가 최대 50퍼센트까지 나온다는 점을 잘 활용하는 것이 좋다. 본인이 선호하는 지역이 A라면, A에서 전세로 거주하면서(전세대출 활용) 해당 지역에서 급매 등 조건이 좋은 물건을 매수하는 것도 좋은 전략이 될 수 있다. 단, 9억 원 초과 고가 주택이라면 기존 전세대출이 회수되니 유의한다.

비슷하지만 조금 더 공격적인 방법도 있다. 선호하는 지역 A에서 월세로 살거나, 선호 지역 인근 B나 C에서 거주하는 것이다. 목적은 밑에 깔고 있는 돈을 줄이기 위함이다. 거주 환경은 앞서 방법보다 다소 나빠지겠지만, 나중을 위해 약간의 불편함을 감내하고 대출이 최대한 나오면서 9억 원 이하 주택을 공략한다. 이번에도 마찬가지로 9억 원 초과 고가 주택을 취득하면 기존 전세대출이 회수된다는 점을 유의한다.

이 외에도 개인별 상황에 따라 대출 활용법은 매우 다양하다. 대출을 활용할 때는 다음 사항을 명심하자.

- 최대한 여러 금융사를 알아본다(같은 은행이라도 지점마다 조건이 다를 수 있다).
- 대출상담사와 상담하면서 최대한 많은 금융상품을 비교한다.
- 본인의 소득 중 일정 비율을 초과하면서까지 무리하게 대출을 활용하지 않는다.
- 정부 정책에 대해 늘 관심을 가지고 지켜본다.

특히 대출에서는 기존에 가지고 있던 고정관념에 사로잡히면 안 된다. 무엇이든 좋은 면과 그렇지 않은 면이 공존하니 '대출은 내 인생에서 절대 안 돼'라는 선입관으로 한계를 긋지 말라는 뜻이다.

제 3 장

어떻게
투자해야 하는가

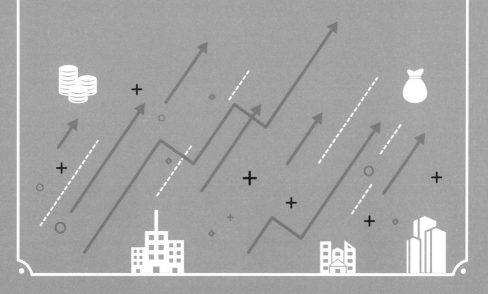

일생에 단 한 번뿐인
투자법

내 집이 있어 좋은 다섯 가지 이유

생애 첫 집을 마련하고 하루하루가 너무나도 행복했다. 무엇보다 우리가 원하는 인테리어의 집에서 살게 됐으며, 전에 살던 빌라에 비하면 주차 환경도 월등히 좋아졌다(물론 밤늦게 오면 좀 고생을 하기도 한다). 집에 온종일 햇빛이 들 뿐 아니라 집에서 바라보는 풍경도 너무나 쾌적하고 좋았다. 인근에 공원이 있으니 아이를 데리고 산책도 즐길 수 있었다. 회사까지 조금 멀긴 했지만 지하철역이 가까우니 이만하면 충분히 감사할 일이라고 여겼다.

이렇듯 내 집이 생기니 여러 가지가 좋았는데, 그중에서도 으뜸은 '내 한 몸 의지하고 기댈 수 있는 집 한 채는 마련했구나' 하는 생각이었다. 정말 그랬다. 첫 등기부등본을 받았을 때의 기분을 잊지 못한다. 식상한 표현이긴 하지만, 정말이지 온 세상을 얻은 것 같았다.

경제적으로 어렵게 살다가 결혼을 하고 내 집을 마련했으니 감회가 남달랐던 것이다. 그 과정에서 거액의 대출을 받는 데 대한 부담감을 느꼈고, 처음으로 부동산 계약을 하면서 두려움도 느꼈다. 하지만 모든 과정을 거치고 '생애 첫 번째 내 집'을 마련하니 그동안의 힘겨웠던 일들을 모두 보상받은 느낌이었다.

나는 주말마다 부동산 간다

집이 생기고 나서 주변 일도 순조롭게 돌아갔다. 우연의 일치일 수도 있지만, 나는 환경을 바꾸면 좋은 일도 따라온다고 믿는다. 무엇보다 온 가족이 행복해졌다.

'가화만사성'이라고 하지 않았던가. 집안이 평탄하니 회사에서도 일이 잘 풀렸다. 당시 새로운 곳으로 이직한 지 1년이 채 안 된 때였으나, 누구보다 열심히 일한 덕에 회사에서도 나름대로 인정받고 잘 정착했다.

낮에는 본업에 집중하고 퇴근 후나 주말에는 부동산 투자에 관심을 가졌다. 첫 집을 마련하고 나니 '부동산이 이런 면에서 좋구나' 하고 확실히 체감할 수 있었다.

앞으로 더 좋은 집에서 살거나 자산을 늘리려면 계속해서 부동산 재테크에 관심을 가져야겠다는 생각이 들었다. 첫 집을 마련하느라 가지고 있는 자금을 모두 쏟아부은 터이니, 지출을 최대한 줄여 다시 종잣돈을 만들어야겠다고 마음먹었다. 부동산에 투자하려면 공부가 필요하다는 생각에 부동산 재테크 관련 서적도 집중적으로 보기 시작했다.

도서관을 오가는 시간이 쌓이자 부동산 지식은 점점 늘어나 어느덧 초보 딱지를 벗어나게 되었다. 그렇다면 효율적으로 부동산 공부를 하는 방법은 무엇이 있을까?

직장인이 부동산 초보에서 가장 빠르게 탈출하는 방법은 독서다. 우선 집 근처 도서관에 가서 부동산 관련 책은 모조리 빌려와 읽자. 천천히 정독하기보단, 빠르게 주요 내용 위주로 주욱 훑어보는 게 중요하다. 이 과정에서 얻은 시사점은 따로 메모를 해두고, 마음에 드는 책이 있다면 별도로 구입해서 상세히 읽는다.

그다음에는 하루이틀 정도 날을 잡아 서점을 방문한다. 부동산과 관련하여 최근 어떤 책이 나왔는지 살펴보면 대략적인 부동산 흐름과 전망을 파악할 수 있다.

예를 들어, 재개발·재건축 투자서가 인기라면 재개발·재건축이, 분양 투자서가 인기라면 분양이 최근 핫이슈일 것이다. 최소 한두 달은 이 과정을 집중적으로 해보길 바란다.

또한 부동산 전문 블로거의 서평 추천을 참고해도 된다. 단, 한 사람이 추천하는 책 목록을 맹목적으로 따라 읽기보다는 5~6명의 부동산 전문가들이 공통으로 추천한 책을 위주로 읽는 게 좋다. 양서는 잠깐 뜨는 책이 아니라, 꾸준히 스테디셀러로 많이 읽히는 책이기 때문이다.

이 과정을 모두 거치면 자기도 모르게 부동산 초보에서 탈출한 모습을 보게 될 것이다. 나도 부동산 공부를 하고 나니 '내가 지금 집을 산 게 나쁜 시점은 아니구나' 하는 생각이 들었다.

이후에는 강의를 들으러 다녔다. 2015년 당시는 SNS의 발달 초창기였다. 그 덕에 책뿐만 아니라 블로그나 온라인 카페 등을 통해 부동산 관련 정보를 얻기가 쉬웠다. 어떤 SNS에서 강의 정보를 접했을 때, 필요하다고 생각되면 오프라인 현장을 찾아가 강의를 들었다. 예전에는 전혀 알지 못했던, 신기한 세상이 열린 듯한 느낌이었다.

그때까지 내가 돈을 내고 들은 강의는 학교 강의를 제외하면 회사 직무와 관련된 것뿐이었다. 그런데 이제는 일면식도 없는 사람들과 함께 재테크 강의를 들으면서 몰랐던 것을 알아가다니, 처음 해보는 경험이었다.

주변에선 부동산 공부가 힘들지 않으냐고 묻곤 했지만 내가 좋아서 하는 일이라선지 전혀 힘들지 않았다. 동시에 강의에서 배운 걸 실전에서 활용하기 위해 열심히 저축했으며, 때로는 가능한 범위 내에서 대출도 활용하여 하나하나 내 물건을 만들어갔다.

누군가가 그랬다. 100권의 책보다 열 번의 강의가 낫고, 열 번의 강의보다 한 번의 실행이 더 낫다고. 나 역시 책만 파고들지 않고 실제 현장에서 사람들과 부대끼며 나름의 경험을 쌓았다.

그렇게 2015년이 흘러가고 2016년 초 문득, 본격적으로 부동산 투자에 뛰어들어야겠다는 생각이 들었다.

부동산 초보를 위한 추천 도서

최근 출간된 부동산 책은 가볍게 읽어보는 게 좋지만 아래 추천한 책만큼은 정독을 하자. 부동산을 처음 시작하는 사람이라면 마인드부터 다진 뒤, 심화편을 읽는 게 좋다.

1. 기본편

《나는 오늘도 경제적 자유를 꿈꾼다》, 청울림(유대열) 저, 알에이치코리아, 2018년 7월

부동산 투자를 위해 꼭 갖춰야 하는 마음가짐부터 월세 1,000만 원을 달성하기까지, 부동산계의 정신적 지주 청울림의 책이다. 반드시 일독을 권한다.

《10년 동안 적금밖에 모르던 39세 김 과장은 어떻게 1년 만에 부동산 천재가 됐을까?》, 김재수(렘군) 저, 비즈니스북스, 2018년 9월

부동산 빅데이터 분석의 초고수 렘군의 책이다. 감으로 하는 부동산 투자가 아니라, 실제 데이터에 입각해 분석한 뒤 투자하는 방법을 상세히 알려준다.

《교통망도 모르면서 부동산 투자를 한다고?》, IGO빡시다 저, 잇콘, 2018년 5월
한 권으로 최근 주목해야 하는 교통 호재의 모든 것을 정리했다. 전국적으로
어떤 개발 사업이 이뤄지는지 참고할 만하다.

2. 심화편

《친절한 제네시스박의 부동산 절세》, 제네시스박 저, 황금부엉이, 2018년 1월
2020년은 바야흐로 부동산 절세의 시대다. 세금을 모르고는 절대 수익을 낼
수 없다. 부동산을 살 때 반드시 짚고 넘어가야 하는 절세에 관해 다뤘다.

너무 많은 돈을 깔고 있는 건 아닐까?

'내 집'이 주는 안락감에는 말로 설명할 수 없는 무언가가 있다. 다만,
한 가지 아쉬움이 있었는데 바로 '투자금'이었다.

부동산은 투자금이 많이 들어가는 자산이다. 가장 많이 하는 방식
인 '갭투자'를 보자(나는 이 말보다는 '세 끼고 사두기'가 맞다고 본다). 5억
원짜리 집이 있는데 여기에 전세 3억 원이 들어가 있다면, 이론상 내
돈 2억 원으로 이 집을 살 수 있다.

어떤 경우에 이렇게 할까? 다음 세 가지로 볼 수 있다.

1. 들어가 살고 싶은 집이 있으나 지금 당장은 5억 원이 없는 경우
2. 시세차익을 노리는 경우, 즉 내 돈 2억 원을 들여 매수해서 세를

준 후 시간이 지나면 팔아 수익을 보고자 하는 경우

3. 1번, 2번 중 뭘 할지는 아직 못 정했지만 일단 사두는 경우(그 물
건이 마음에 들어서)

칼로 무 자르듯이 구분할 순 없겠지만 1번이 '세 끼고 사두기'라면, 2번은 '갭투자'라고 할 수 있을 것이다.

1번은 최근에 생겨난 것이 아니라 우리 부모님 세대 때부터 해온 방식인데, 우리나라에만 있는 '전세'라는 독특한 제도 때문에 지금까지 활용된다. 더 좋은 환경에서 살고 싶거나 더 나은 교육 환경에서 자식을 키우고 싶을 때, 우리 부모님들은 앞으로 집값이 올라갈 것을 대비하여 1번처럼 해두는 경우가 많았다. 2번에 대해 여기서 투자냐 투기냐를 논하진 않을 생각이다. 다만 이를 구분하기는 매우 모호하며, 전세 사기 등 악의적인 방법으로 타인(특히 임차인)에게 피해를 준다면 반드시 없어져야 함이 분명하다.

어찌 됐든, 우리나라에는 전세라는 제도가 있어서 이를 레버리지 삼아 집을 사두는 방식이 빈번하게 사용됐다. 2015년 당시에도 이 방식이 서울과 수도권을 중심으로 상당히 유행했다. 지역이나 물건에 따라 조금씩 다르긴 하지만, 당시에는 서울 집을 세 끼고 사두는데 들어가는 비용이 앞서 말한 2억 원보다 적은 경우가 꽤 많았다. 그래서 부동산 투자에 관심이 많거나 경험이 많은 사람, 그리고 이미 그 이전의 지방 상승장을 만끽한 지방 투자자들이 너도나도 서울로

올라왔다.

나 역시 '서울 집값이 이 정도면 충분히 싸다'라는 확신이 들어 사 둔 경우가 있었고(2번), 어떤 집은 '나중에 내가 들어가서 살아도 좋 겠다'라는 생각에 미리 사두기도 했다(1번).

그런데 문제는 세를 끼고 집을 사둘 경우, 투자금이 일찍 소진된다 는 것이다. 한 채만 사더라도 몇천만 원이 필요하니 당연한 얘기인데, 나 역시 2016년 초가 되자 투자금이 모두 소진되어 이러지도 저러지 도 못하는 상황이 됐다. 그래도 부동산 시장에 대한 관심의 끈은 놓 지 않았다. 계속 공부하고 주변 투자자들의 움직임 등을 보면서 '투 자할 곳이 아직도 많은데' 하면서 아쉬워했다.

그러던 중 갑자기 이런 생각이 들었다.

'혹시 내가 너무 많은 돈을 깔고 있는 건 아닐까?'

새로운 투자금의 확보

집은 꼭 필요하다. 그런데 집을 꼭 소유해야 하는 걸까? 즉 실거주가 투자인지, 아니면 그저 돈을 깔고 앉아 있는 건지 생각해보게 된 것 이다. 일단 내가 산 집의 가격이 어떻게 변동했는지 알고 싶었다. 당 장 KB시세를 검색해봤다.

'KB부동산 리브온'(onland.kbstar.com)이라는 사이트에서 조회하 면 내가 사는 집의 시세 변화를 그래프로 확인할 수 있다. 우리 집은

당시 살던 집 KB시세 - 매매

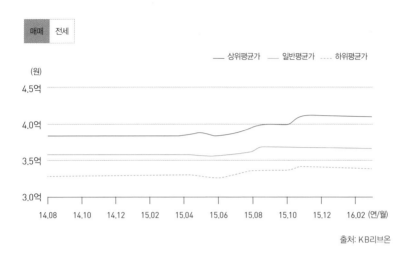

출처: KB리브온

당시 살던 집 KB시세 - 전세

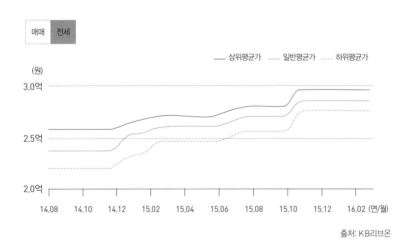

출처: KB리브온

2014년 8월에 계약한 이후 2016년 초인 당시까지 매매가에는 큰 변화가 없지만, 전세가는 5,000~6,000만 원 정도 상승해 있었다('일반 평균가' 기준). 이걸 보니 '우리 집을 전세 주면 투자금을 어느 정도 확보할 수 있겠구나' 하는 생각이 들었다.

생애 첫 번째 내 집에서 너무나도 행복하고 부족한 것 없이 생활하고 있었지만, 더 나은 미래를 위해 지금은 불편을 좀 감내해야 하지 않을까 하는 생각이 들었다. 무엇보다 아이가 아직 어리기 때문에 지금 말고는 투자할 수 있는 시기가 없다는 생각이 컸다. 아이가 커서 학교에 들어가면 수시로 이사를 다닐 수는 없지 않겠는가. 아무리 고민해봐도 이 방법밖에는 없었다.

늘 그랬듯이, 아내에게 내 생각을 말했다.

"우리 집 전세 놓고, 우리는 다른 곳에서 월세 살면 어때?"

KB시세 확인하는 법

KB시세가 중요한 이유는 해당 단지의 가격 추이를 알 수 있을 뿐만 아니라 대출 가능 금액이 어느 정도인지 알 수 있어서기도 하다. 즉 LTV 50퍼센트라고 하면, 이때는 계약 금액과 KB시세 중 '낮은 금액'으로 대출을 받을 수 있다. 예를 들어 LTV 50퍼센트 가능 조건에서 계약 금액이 5억 원이고 KB시세가 4억 8,000만 원일 때, 대출 가능 금액은 다음과 같다.

대출 가능 금액 = Min(매매가, KB시세) × 50퍼센트

= Min(5억, 4.8억) × 50퍼센트

= 4.8억 × 50퍼센트

= 2.4억 원

물론 정확한 대출 금액은 금융권 등을 통해 확인해야 하므로 참고만 하는 것이 좋다. 대출 정책 역시 부동산 활황기에는 규제 쪽에 맞춰지고 부동산 침체기에는 부양 쪽에 맞춰지는 경향이 있음을 염두에 두고 상황에 맞게 활용하자. 다음은 KB시세를 확인하는 방법이다.

① KB부동산 리브온 사이트에 접속하여 '매물/시세' 탭을 클릭한다.

② 관심 있는 아파트를 검색한다.

③ 해당 단지를 클릭한 후 메뉴에서 '시세/실거래가'를 클릭한다.

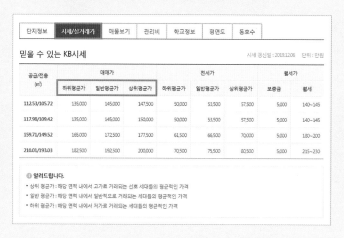

④ 하단으로 스크롤을 내리면 '시세변동 추이'가 보이는데, 오른쪽 '과거시세 조회'를 클릭하면 이전 데이터를 볼 수 있다.

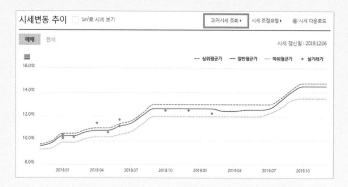

⑤ '과거시세 조회'는 기간을 조절할 수 있으므로 원하는 기간으로 설정해서
   조회한다.

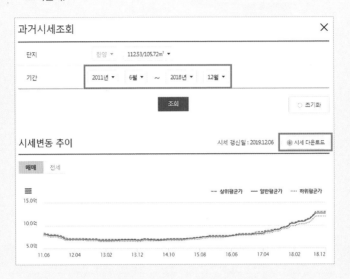

하나 더! '과거시세 조회'에서 하단으로 스크롤을 내리면 '주변단지 유사 면적
대 시세 비교'라는 메뉴가 있다. 여기에서 '높은가격순'이라는 메뉴를 누르면
조회한 아파트 인근의 유사 면적대 아파트 KB시세가 가격순으로 정렬된다.
이를 통해 해당 지역의 가격이 높은 아파트를 손쉽게 찾을 수 있는데, 대체로
가격이 비쌀수록 선호도가 높다.

부동산 투자의
골든 타임

자발적 월세살이를 결심하다

말이 쉽지, 멀쩡한 집을 놔두고 남의 집에 세 들어가서 사는 데 망설임이 없었다면 거짓말일 것이다. 하지만 아무리 생각해도 지금 단계에서는 뭔가를 해야 하고, 그러기 위해서는 일정 수준의 자금이 필요하기에 이 방법이 최선이라고 생각했다. 만약 이 방법을 써야 한다면 아직 아이가 어린 지금이 아니면 불가능하다는 결론에 도달했다.

길어야 3~4년, 우리 부부는 '딱 2년만 고생하자'는 생각으로 우리 집을 전세로 내놓기로 했다. 돌이켜보면 이런 어려운 결정을 할 때마

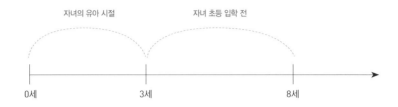

자녀가 있는 부부가 부동산에 투자할 수 있는 기간

자녀의 유아 시절   자녀 초등 입학 전

0세   3세   8세

다 아무 말 없이 따라준, 아니 오히려 옆에서 용기를 주고 내가 행동하도록 도움 준 아내에게 감사할 뿐이다.

그렇게 마음을 먹고, 2016년 3월 어느 날 회사에 출근한 뒤 집을 전세로 내놓았다. 다른 생각은 하지 말고 마음먹은 대로 해보라는 하늘의 뜻이었는지, 그날 바로 전세가 나갔다. 이제 이걸 가지고 다시 투자를 할 수 있겠다는 설렘도 있었지만, 한편으론 2년도 살아보지 못한 내 집을 떠날 생각을 하니 섭섭한 마음이 그지없었다.

설렘과 아쉬움이 교차하는 가운데 이삿날이 점차 다가왔다. 본능적으로 '이제 이 집을 떠나면 다시 오긴 힘들겠구나'라고 생각해서일까. 이삿날이 다가올수록 우리 부부는 그 집에서의 추억을 하나라도 더 간직하기 위해 하루하루를 소중하게 보냈다.

그리고 드디어 이삿날이 됐다.

생애 첫 집을 떠나다

이사하는 날엔 폭우가 쏟아졌다. 그렇지 않아도 짐 정리 등 신경 써야 할 것이 많아서 이삿날은 보통 잠을 설치는데, 폭우 소리에 일찍 눈이 뜨였다. 솔직히 쏟아지는 비를 바라보면서, '아, 정말 계약 파기하고 싶다. 내가 얼마를 손해 보면 파기할 수 있지?'라는 말도 안 되는 생각을 하기도 했다.

그래도 계약을 깰 수는 없기에 머리를 흔들어 잠깐의 공상을 날려 버리고 이삿짐을 정리했다. 다행히 그사이에 비가 그쳐 이사하는 데에는 큰 문제가 없었다. 빠르게 정리되는 짐을 보니 서운한 마음도 정리가 되는 느낌이었다.

그렇게 우리는 정든 집을 내준 뒤 소중한 전세금을 받아들고 다른 집으로 이사를 갔다. 동시에 곧바로 은행에 가서 기존에 있던 담보대출을 상환하고 잡혀 있던 저당권의 말소신청을 했다.

이사 가는 집은 우리 집에서 조금 더 위쪽에 있었다. 당연히 근무지인 판교보다 멀어지는 셈인데, 장모님께 아이를 잠깐 맡겨야 할 때도 있기에 부득이하게 처가 인근으로 갔다.

그리고 월세로 들어가면서 월세 보증금에 대해서는 전세자금대출을 활용함으로써 최소한의 비용만 밑에 깔고 투자를 하기로 결심했다.

그런데 그 과정에서 월세 시세를 제대로 조사하지 않고 너무 쉽게 결정하는 실수를 저질렀다. 2016년 상반기 당시에는 대출이 워낙 잘

저당권 말소를 꼭 확인하자

세를 들어갈 때는 저당권이 말소됐는지를 반드시 확인해야 한다. 만약 당신이
임차인이고 거주하고자 하는 집에 저당권 등 대출이 있다면, 반드시 임대인에
게 당부하여 당일 말소신청을 했는지 확인토록 하자. 저당권 등이 계속 남아
있다면 소중한 보증금이 순위에서 밀려, 혹시라도 집이 경매 등에 부쳐질 경우
손실을 볼 수도 있다. 물론 부동산중개소에서 잘 확인한 후 거래를 진행하지만
그래도 당사자가 꼼꼼하게 챙겨야 한다.

됐기에 월세 보증금 수준을 제대로 조사하지 않고 '부족하면 대출을
받아서 활용하면 되지'라고 안이하게 생각했다. 그 때문에 나중에
꽤 고생을 하게 된다.

최근에는 정부가 다주택자의 전세자금대출을 규제하고 있지만,
금리가 하락기이며 9억 원이 넘는 고가주택이 아니라면 전세자금대
출에 큰 제약이 없다. 따라서 거주하는 집을 레버리지로 삼아 더 좋
은 집을 마련하려면 꼭 주변 월세 시세도 제대로 파악해야 한다.

그렇게 우리 가족은 이사를 했다. 직장에서는 더 멀어졌으며, 크기
도 더 작은 집이었다. 연식도 오래되고 인테리어도 잘 되어 있지 않아

불편한 점이 많았다. 전에 살던 집은 계단식이었는데, 이번 집은 복도식이어서 이웃들이 집 앞을 지나가는 발소리가 집 안에서도 들렸다.

그래서였을까. 이사 온 다음 날, 퇴근하고 집에 돌아왔는데 아내의 첫마디가 이랬다.

"우리, 다시 이사 가자."

꽤 충격이었다. 누구보다 용기가 있고 미래를 위해서라면 잠깐의 불편쯤은 흔쾌히 감내하던 아내가 그렇게 말하니 '아차, 내가 뭘 잘못하고 있는 건가?' 하는 생각이 들었다. 행복해지자고 하는 투자인데 배우자가 아쉬움을 표한다면 '이건 아니다'라는 생각이 퍼뜩 들었다.

혹시 뭔가 문제가 있는 거냐고 조심스레 물어봤다. 아내는 살기에는 참 좋은데 아무래도 우리 집이 아니라는 점, 나중에 아이가 더 크면 학교 문제도 있는데 그런 면에서 걱정이 된다고 말했다. 첫 번째 집을 구할 때는 정성을 들여 주변도 보고 여러 가지를 탐색했지만, 이번에 들어간 월셋집은 너무나도 쉽게 결정하고 말았다. 아이를 봐줄 장모님 댁 근처여야 한다는 생각만 했을 뿐 다른 부분은 전혀 보지 않고 적당한 가격에 '아무 곳에나' 집을 마련했음을 그제야 깨달았다.

아내에게 그러자고, 다시 이사하자고 말했다. 우리 집은 전세를 주었기에 그곳으로 돌아가려면 2년을 기다려야 한다. 그러니 지금 가지고 있는 돈으로 더 좋은 곳에 집을 마련하자고 했다. 가족이 불편하고 행복하지 않다면 굳이 이렇게까지 무리한 투자를 할 필요는 없다

는 생각에서였다. 그렇게 나는, 아니 우리 부부는 다시 살 집을 마련
하기로 했다.

아파트 투자
방향 잡기

주변 탐색하기, 그 기준은?

다시 집을 찾아다녀야 했다. 하지만 첫 번째와는 다른 상황이다. 어떻게 해야 할까? 아무리 생각해봐도 첫 번째 집을 구했을 때와 별반 다른 내용이 떠오르지 않았다. 첫 번째 집을 구하고 투자를 위해 월세로 이사하기까지는 2년이 채 지나지 않은 기간이었기에, 아마도 부동산을 바라보는 인사이트를 키우기에는 부족한 시간이라 그랬을 것이다.

이제 와서 신세 한탄만 하고 있을 수는 없었다. 나만의 기준으로 어떻게든 이 상황을 해결하자고 다짐했다.

가장 중요한 건 역시 '통근 거리'였다. 근무지 판교에서 서울 중랑구까지는 꽤 먼 거리다. 그런데 이번에 이사를 하면서 지난번보다 더 멀어졌기에, 나로서는 통근 거리를 좁히는 게 관건이었다. 세상의 모든 가장과 마찬가지로 수입을 일으키고 생계를 유지하기 위해서는 직장을 중심에 놓을 수밖에 없었다(후술하겠지만, 이는 집을 마련하는 데 가장 중요한 요소 중 하나이기도 하다). 여기에 아이 교육 문제와 관련하여 학군 등을 살펴보면 어떨까 싶었다.

일단 '단순하게' 생각을 정리하고 다시 지도를 들여다보기로 했다. 너무 간단한 거 아니냐고? 때로는 복잡하고 완벽한 논리보다는 간단하고 빠른 정리가 도움이 되기도 한다.

어디로 가는 게 더 돈이 될까?

집 근처에는 수도권 6호선과 7호선 그리고 경의중앙선이 있었다. 이 중 이용할 수 있는 역은 6호선 봉화산역과 신내역, 7호선 중화역 그리고 경의중앙선의 망우역이 있었다.

오른쪽 지도를 보자. 당신이라면 지도에 표시된 화살표 중 어떤 것을 선택하겠는가? 근무지는 신분당선 판교역이다. 가장 먼저 살펴볼 사항은 '해당 역에서 종착지까지 얼마나 걸리는가' 하는 것이다. 많이 이용하는 스마트폰 앱으로 이동 시간을 계산해봤다. 그 결과 '중

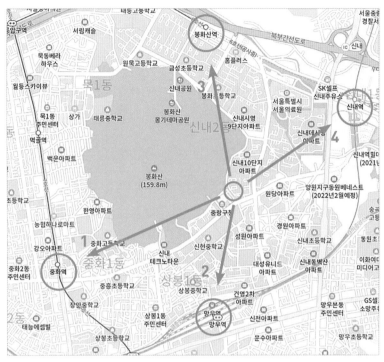

출처: 네이버 지도

화역'이 가장 짧은 것으로 나타났다.

지도상으로도 당시 거주하던 곳에서 중화역까지 이동이 나빠 보이진 않는다. 하지만 단순히 이동 시간이 짧다고 집을 옮겨도 될까? 물론 그것도 중요하지만 보통 집은 입주를 하면 오래 머무르기 마련이다. 그 긴 시간 동안 주변이 개발되거나 호재가 반영돼 집값이 오르는 경우가 많다. 한곳에 '느긋하게' 있으면, 오히려 전셋값 상승과 같은 위험도 줄이면서 '자산 가치 상승'이라는 과실도 얻을 수 있다는 얘기다.

그렇다면 어떻게 해야 할까? 지하철역과 가깝다는 이유만으로 아무 곳이나 가서는 안 된다.

왜 그런지 살펴보자.

돈 되는 지하철 노선은 따로 있다

지하철역에서 가까우면 확실히 부동산에는 호재다. 하지만 지하철역에도 '급'이 있다. 향후 투자 가치 등을 고려할 때 어떤 노선이 더 유리할지 안다면 내 집 마련을 하는 데 큰 도움이 되지 않을까?

첫 번째 집을 구할 때도, 두 번째 집에서 월세살이를 하면서 다시 직접 살 집을 마련할 때도 '직장에 가기 편한' 지하철역을 샅샅이 조사했다.

이는 비단 나한테만 해당하는 것은 아닐 것이다. 현재 직장을 다니고 있는 사람이라면 누구나 알아야 하는 문제이기에, 아마도 대부분의 성인에게 해당한다고 봐도 무방할 것이다.

그렇다면 과연 일자리는 어디에 많이 있을까? 일자리가 많은 지역을 통과하는 지하철 노선이라면 괜찮지 않을까?

'서울시 400만 일자리 분포도' 자료

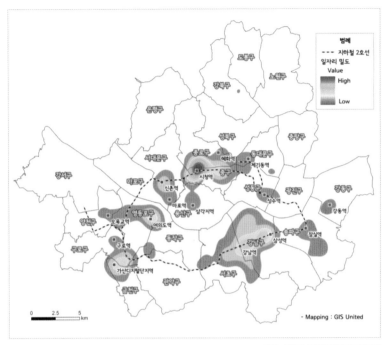

출처: 서울시 사업체 데이터(2009년)

위의 '서울시 400만 일자리 분포도'는 서울시 사업체 데이터를 바탕으로 서울시의 일자리 분포를 지도에 표시한 것이다. 그중에서도 푸른색일수록 일자리가 더 밀집되어 있음을, 붉은색일수록 일자리가 적음을 나타낸다. 종로, 중구, 강남, 영등포구, 가산디지털단지, 동대문, 잠실 등에 일자리가 많음을 한눈에 알 수 있다.

'지역의 일자리 질과 사회적 경제적 불평등' 자료

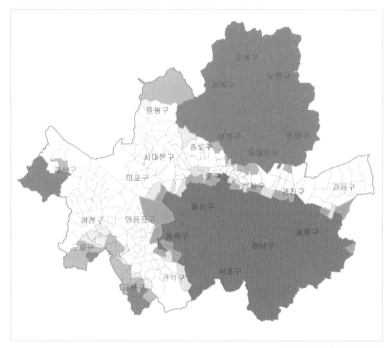

출처: 한국고용정보원(2019년)

2009년 자료라서 너무 오래됐다면 다시 위의 지도를 보자. '지역의 일자리 질과 사회적 경제적 불평등' 자료는 한국고용정보원에서 2019년 3월에 발표한 것이다. 서울시 423개 동을 '소득-학력-직업-일자리 질'이라는 기준으로 분석한 결과 상위 지역을 '핫 스폿'(붉은색)으로, 반대로 지수가 낮은 지역을 '콜드 스폿'(파란색)으로 구분했다. 한눈에 봐도 강남과 강북 간에 큰 차이가 남을 알 수 있다.

지금 여기선 '강남과 강북의 격차'를 말하고 싶은 게 아니다. 일자리가 많은 곳을 어느 노선이 지나가는지를 살펴보고자 하는 것이다. 지하철 1~9호선과 분당선, 신분당선을 살펴본 결과 다음 노선이 일자리가 많은 곳을 지나간다는 걸 알 수 있었다.

- 2호선: 종로, 중구, 영등포, 강남 등 서울 교통의 요지를 구석구석 지난다.
- 5호선: 마곡, 영등포, 종로, 강동 등 최근 새로 개발되는 서울 지역을 지나간다. 목동, 화곡 등은 서울에서 학군이 좋은 지역으로 손꼽힌다.
- 7호선: 강남, 가산디지털단지 등을 지나며 노원, 부천 등 주거밀집 지역과의 연결성이 좋다.
- 9호선: 마곡, 여의도, 강남, 강동 등을 지나며 노선 전체가 한강 이남을 지난다는 게 특징이다.
- 신분당선: 역 개수는 다른 노선보다 적지만 강남, 양재, 판교, 광교 등 일자리가 풍부한 지역을 다수 지난다.

자, 이상의 내용을 염두에 두고 141쪽의 지도를 다시 보자. 당신이라면 몇 번으로 가겠는가?

역시 '1번 중화역'이라고 하는 사람이 많지 않을까? 목적지인 판교역까지 가는 시간도 짧고, 2~4번보다는 앞으로 비교적 주거 수요도 많을 것이기 때문이다.

방금 살펴봤듯이, 중화역만 일자리가 많은 지역으로 가는 7호선이다. 그리고 봉화산역과 신내역은 6호선, 망우역은 경의중앙선으로 일자리 노선과는 거리가 있다. 무엇보다 중화역을 선택한 가장 큰 이유는 아무래도 직장까지 가는 방법이 상대적으로 편하다는 점일 것이다.

물론 수도권에서는 환승을 하면 지하철로 가지 못하는 곳이 거의 없지만, 사람들은 의외로 별것 아닌 요소로 주택 매매 같은 큰 결정을 하곤 한다. '시간이 좀 더 걸리더라도 환승 없이 편하게 가고 싶어'라고 말이다. 많은 사람이 이렇게 생각한다면, 거주 지역을 선택할 때 무시할 수 없는 요소라고 봐야 한다.

이제부터는 집을 마련할 때 가까운 지하철역이 무슨 역인지 꼭 살펴보자. 이때 단순 거리만 보지 말고, 해당 역이 일자리가 많은 지역까지 얼마나 이동하기 편한지도 꼭 확인하자. 이 책에서 전하는 가장 중요한 메시지 중 하나니 꼭 기억하기를 바란다.

역세권은 의외로 넓다

이제 어디로 가서 집을 찾아봐야 할지 방향은 정해졌다. 현재 있는 곳에서 1번 방향(7호선 중화역 인근)이 좋아 보인다면 이제 그곳에 가

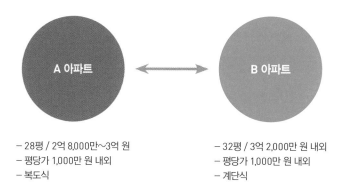

당시 우리 부부가 찾은 A와 B 아파트

A 아파트

B 아파트

- 28평 / 2억 8,000만~3억 원
- 평당가 1,000만 원 내외
- 복도식

- 32평 / 3억 2,000만 원 내외
- 평당가 1,000만 원 내외
- 계단식

서 마음에 드는 물건이 있는지 열심히 찾아보면 된다. 부동산은 해당 지역에 자주 가보는 것이 굉장히 중요한데, 시간을 비롯하여 여러 가지 한계가 있기 때문에 사전에 방향을 잘 잡아야 한다. 방향을 세운 뒤 우리 부부는 틈나는 대로 중화역 인근으로 가서 집을 살펴봤다.

이때 주의해야 할 것이 하나 있다. 중화역 인근을 살펴보기로 했다고 하더라도 딱 역 주변만 봐서는 안 된다는 것이다. 버스로 한두 정거장 거리의 집들도 봐야 하는데, 이 정도면 충분히 역세권이라 할 수 있기 때문이다.

우리 부부는 7호선 중화역을 중심으로 일대의 집을 찾아봤다. 동시에 2번 방향의 망우역 인근도 살펴봤다. 남은 2~4번 중에서 그나마 2번이 1번 다음으로 좋아 보였으며, 너무 한 곳만 고집할 필요는 없었다.

우리는 메인 지역 한 곳과 대안 지역 한 곳을 정하고 열심히 집을 보러 다녔다. 그 결과 두 개의 단지가 포착됐다. 이 두 아파트를 보고 나는 무척 가슴이 뛰었다. '싸도 너무 싸다'는 느낌이 들었기 때문이다.

평수도 우리가 찾던 28평 혹은 32평이었고, 각각의 장단점은 있었지만 무엇보다 내가 예상한 예산 범주에 꼭 들어맞는 아파트였다. 물론 2016년 5월 시점으로 돌아가서 생각을 해봐야겠지만, 당시 내가 왜 그렇게 느꼈을까?

그에 대한 답은 바로 '평당가'에 있다. 평당가는 '1평당 가격'을 의미하며 부동산 물건의 가격을 측정, 비교할 때 많이 사용되는 단위다. 평당가에 관해 잠시 설명한 다음, 우리 부부의 집 찾기 얘기로 돌아오고자 한다.

숨겨진 보석 아파트를 찾아라

아파트 가격을 결정짓는 척도

아파트 가격을 결정하는 변수는 무수히 많다. 교통, 학군, 편의시설, 자연환경 등 여러 가지가 있는데 이를 모두 잡아낸다는 건 불가능에 가깝다. 그래서 집을 마련할 때 내가 원하는 아파트 또는 관심 지역의 평당가를 대략 기억하는 것이 좋다. 평당가로 해당 지역과 아파트의 선호도를 알 수 있기 때문이다.

만약 아파트의 가격결정 요소가 100개라고 가정해보자. 그렇다면 각각의 요소가 실제 가격에 미치는 영향을 분석해야 할 것이다. 즉

'1번 요소는 가격결정에 10퍼센트 영향을 미치는 데 비해 2번은 13퍼센트이고, 3번은…' 하는 식으로 말이다. 이걸 계산할 수 있을까? 가능하지도 않을뿐더러 그렇게 할 필요도 없다. 모든 요소가 '가격'에 이미 반영되어 있기 때문이다.

쉽게 이해하기 위해 가상의 아파트 단지 A를 상상해보자. 생활하면서 누리는 인프라는 모두 비슷하기에 모든 호수의 가격도 같아야 할 것이다. 하지만 개별 호수에 따라 가격이 제각각이다.

동의 위치에 따른 미세한 접근성의 차이, 층수에 따른 조망권 차이, 향의 선호도 차이 등만 따져도 벌써 가격이 달라진다. 사람들마다 더 중요시하고 좋아하는 게 다르기 때문이다.

물론 동일 단지이므로 가격과 조건의 차이가 크진 않다. 다만, 여기에서 말하고 싶은 것은 '다양한 변수에 좌우되는 가격결정 메커니즘에 집착하지 말고, 실제 거래되고 있는 가격을 인정하는 것이 부동산 공부의 첫걸음'이라는 것이다.

동일 지역이라도 다른 요소에 의해 가격 차이가 발생한다는 사실을 인정하고 시작하라는 얘기다. 이를 가장 빨리 파악하는 방법이 관심 아파트의 '평당가'를 체크해보는 것이다.

평당가, 쉽고 빠르게 확인하기

아파트 평당가를 쉽게 파악하는 방법으로는 크게 두 가지가 있다.

평당가 확인하기 좋은 사이트 '부동산 랭킹−부킹'

출처: 부동산 랭킹−부킹

하나는 '부동산 랭킹−부킹'(buking.kr)이라는 사이트를 통해서다. 위의 도표처럼 평당가 순위를 시 단위는 물론 구, 동까지 파악할 수 있다. 몇 번만 클릭하면 되기에 아주 편리하다.

'호갱노노'(hogangnono.com)라는 사이트를 통해서도 평당가를 쉽게 파악할 수 있다. 어플리케이션으로도 간편하게 볼 수 있다. 지도에서 곧바로 확인할 수 있기에 앞서 살펴본 부킹보다 위치에 따른 평당가 차이를 더 직관적으로 알 수 있다.

방법은 '지역명 실거래가'라고 되어 있는 탭에서 '추가정보 → 평당가격'을 클릭하면 된다. 이후 우측 상단의 '+', '−' 버튼으로 크기를 조절하면 시, 구, 동 단위는 물론 특정 아파트 단지까지 평당가를 확인할 수 있다.

호갱노노를 이용한 평당가 확인법

출처: 호갱노노

이 외에도 요즘엔 더 이해하기 쉽게, 더 빠르게 데이터를 제공해주는 유료 사이트가 많이 생겼다. 어떤 곳을 활용하든 자기만의 방법을 정해두도록 하자.

이런 방식으로 기본적인 평당가를 알았다면, 이제 아파트의 '우위'를 파악해야 한다. 예를 들어 A 지역이 B 지역보다 평당가가 높다면 A 지역에 사람들의 수요가 그만큼 많다는 뜻이다. 그 수요에는 교통, 학군, 편의시설, 자연환경, 앞으로의 개발 가능성 등 여러 가지 요소가 영향을 미친다.

다시 말하지만 각각의 요소가 가격에 얼마만큼의 영향을 미치는

지는 일종의 '연구 대상'이라고 생각하는 편이 좋다. 우리는 부동산을 연구하기보다는 내 집 마련과 같은 재테크 관점으로 접근하는 것이기에 어느 지역이 다른 지역보다 어느 정도만큼(예를 들어 평당가의 차이) 선호되는가를 알아두는 것이 중요할 뿐이다.

그렇다면 이를 좀 더 빠르게 파악할 수는 없을까?

대장 아파트 찾는 방법

내가 관심 갖는 지역에서 인기 있는 아파트가 어떤 것인지 쉽게 파악하려면 어떻게 해야 할까?

앞서 설명했지만, 우선은 해당 아파트의 가격(평당가)이 높다면 선호도 역시 높을 것으로 생각할 수 있다. 대부분 재화의 가격은 수요와 공급의 역학으로 정해진다. 그런데 아파트는 공급이 정해져 있기에(이를 '공급이 비탄력적이다'라고 한다. 즉, 압구정 현대아파트는 이미 공급이 완료됐고 같은 제품을 계속해서 공급할 순 없다) 수요가 가격을 좌우한다. 즉, 수요가 높을수록 가격이 올라간다는 의미다.

예를 들어 앞의 사례에서 언급했던 서울시 중랑구 면목동에서 인기 있는 아파트를 어떻게 찾을 수 있을까? (해당 지역은 이해를 돕기 위해 든 사례일 뿐이지, 특정 지역을 알리기 위한 목적이 아님을 밝힌다.)

우선 KB부동산 리브온 사이트를 방문해 대출 가능 금액부터 파악하자. 앞서 설명했듯이, 이 사이트에서 특정 단지 아파트의 'KB시

단지정보	시세/실거래가	매물보기	관리비	학교정보	평면도	동호수

믿을 수 있는 KB시세

시세 갱신일 : 2020.01.10 단위 : 만원

공급/전용 (㎡)	매매가			전세가			월세가	
	하위평균가	일반평균가	상위평균가	하위평균가	일반평균가	상위평균가	보증금	월세
70.26/51.41	40,000	40,500	42,000	29,500	30,000	31,000	5,000	70~80
79.6A/59.98	46,000	49,000	52,500	33,000	34,000	35,000	5,000	90~100
79.74B/59.84	44,500	47,500	51,000	32,500	33,500	34,500	5,000	90~100
107.11/84.96	52,000	58,000	63,000	37,000	38,000	39,000	8,000	100~110

ⓘ 알려드립니다.
• 상위 평균가 : 해당 면적 내에서 고가로 거래되는 선호 세대들의 평균적인 가격
• 일반 평균가 : 해당 면적 내에서 일반적으로 거래되는 세대들의 평균적인 가격
• 하위 평균가 : 해당 면적 내에서 저가로 거래되는 세대들의 평균적인 가격

출처: KB부동산 리브온

세'를 파악할 수 있다. 이곳에서 중랑구 면목동에 있는 아파트 하나를 클릭하고 '시세/실거래가'를 파악해보자.

'시세/실거래가'를 클릭하면 '믿을 수 있는 KB시세'라는 이름의 표 아래로 '면적별 시세', '시세변동 추이', '최근 6개월 실거래가', '주변 단지 유사 면적대 시세 비교' 등의 정보가 뜬다.

오른쪽 도표는 '주변단지 유사 면적대 시세 비교' 화면이다. 당연히 지역마다 다른 결과를 보여주는데, 편의상 서울시 중랑구 면목동의 30평대를 '높은가격순'으로 나열해본 것이다(2020년 1월 기준).

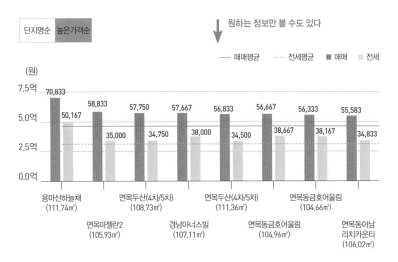

단지명순 **높은가격순**

원하는 정보만 볼 수도 있다

── 매매평균   ---- 전세평균   ■ 매매   전세

(원)

7.5억

5.0억

2.5억

0.0억

70,833
50,167
58,833
35,000
57,750
34,750
57,667
38,000
56,833
34,500
56,667
38,667
56,333
38,167
55,583
34,833

용마산하늘채
(111.74㎡)

면목마젤란2
(105.93㎡)

면목두산(4차/5차)
(108.73㎡)

경남아너스빌
(107.11㎡)

면목두산(4차/5차)
(111.36㎡)

면목동금호어울림
(104.96㎡)

면목동금호어울림
(104.66㎡)

면목동아남
리치카운티
(106.02㎡)

출처: KB부동산 리브온

　도표를 보면 '용마산하늘채' 아파트의 매매가가 7억 원 정도로 가격이 가장 높다는 걸 알 수 있다. 역 바로 앞이고(7호선 용마산역), 인근 아파트 대비 신축이라서 그럴 것으로 유추할 수 있다.

　이런 식으로 KB시세를 활용하면 특정 지역에서 어떤 아파트의 매매 가격과 전셋값이 얼마나 높은지를 손쉽게 알 수 있다. 물론 가격이 높다고 무조건 좋은 건 아니지만, 실제 높은 가격에 거래가 되는 건 그만한 이유가 있어서이니 참고는 하도록 하자.

　팁 하나를 더 알려드리겠다. '주변단지 유사 면적대 시세 비교' 도표에서 막대그래프 오른쪽 상단에 있는 '매매평균', '전세평균', '매매', '전세' 등을 클릭하면 해당 데이터가 생성되거나 사라짐으로써 원하는 자료만 볼 수도 있다. 즉, 이 화면에서 '매매' 가격만 보고 싶다면 '전세'를 클릭해서 사라지게 하면 된다(한 번 더 누르면 다시 나타난다).

아파트 가격 상승 여력 체크하기

이제 앞의 이야기로 돌아가자. 우리 부부가 두 개의 단지를 찾았다고 했는데, 위치는 다음과 같다.

하나는 7호선 중화역 인근, 그리고 다른 하나는 경의중앙선 망우역 인근이다. 이들의 가격을 다시 한번 보자.

두 아파트의 평당가가 1,000만 원 정도임을 알 수 있는데, 이게 싼지 비싼지를 파악하려면 뭔가 기준점이 있어야 한다. 그 기준점이란 무엇일까? 전국 아파트 평균 평당가? 아니면 서울 아파트 평균 평당가?

일단 전국 아파트 평균은 의미가 없다. 아무리 지방의 아파트가 싸다고 하더라도 당시 근무지였던 판교까지 통근하는 건 불가능할 것이다. 한마디로, 비교 대상이 아니라는 뜻이다.

그렇다면 서울 아파트 평균은 어떨까? 어느 정도는 의미가 있겠지만, 이 역시 판교까지 통근하기에 몇몇 지역은 너무 멀어서 힘들다.

당시 매수를 고려한 A와 B 아파트

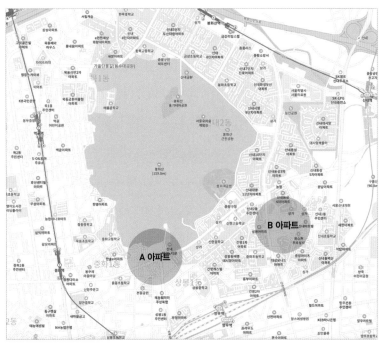

출처: 네이버 지도

A 아파트
- 28평 / 2억 8,000만~3억 원
- 평당가 1,000만 원 내외
- 복도식, 동 간격 넓음

B 아파트
- 32평 / 3억 2,000만 원 내외
- 평당가 1,000만 원 내외
- 계단식, 동 간격 좁음

출처: 네이버 부동산

그렇다면 범위를 좁혀서 서울시가 아닌 중랑구 평균은 어떨까? 이 정도라면 의미가 있지 않을까? 2016년 5월 당시 중랑구 아파트 평균 평당가는 대략 1,150만 원이었다. 그런데 내가 고른 두 아파트는 평당 약 1,000만 원이다.

그렇다면 어떤가, 싸다는 생각이 들지 않는가?

물론 여기에도 한 가지 조심해야 할 점은 있다. 두 아파트의 입지가 중랑구 평균보다 못하다면 1,000만 원이라는 가격, 즉 평균보다 낮은 가격이 합리적일 수 있다는 것이다. 하지만 당시 교통, 학군, 편의시설 등 입지 분석을 해보니 평균과 유사하거나 오히려 더 높은 점수가 나올 수도 있다는 결론에 도달했다. 그렇다면 답은 나왔다. 앞의 두 아파트는 적어도 중랑구 평균 가격 정도는 되어야 하는데, 무슨 이유인지는 모르겠지만 그보다 낮은 가격에 매물로 나온 것이다.

그렇다면 아무리 못해도 평당 100만 원 정도는 상승하지 않을까 하는 게 당시 내 생각이었다.

중랑구 아파트의 평균 평당가 1,150만 원

− 두 아파트의 평당가 1,000만 원

= 차액 150만 원

다시 한번 정리해보자. 앞의 두 아파트는 중랑구 평균과 비슷하거나 살짝 높아야 정상 가격이라고 봤다. 보수적으로 잡아 평균과 같다고 가정하더라도 평당 150만 원 차이가 난다. 그런데 여기에서 안전장치를 한 번 더 두어 평당 '100만 원은 상승하지 않을까'라고 생각한 것이다.

그렇다면 A와 B 아파트 중에서 어디를 매수하면 좋을까? A는 28평이므로 향후 예상되는 시세차익이 2,800만 원(28평×100만 원)이고, B는 3,200만 원(32평×100만 원)이다. 따라서 B를 택해야 할까?

여기서부터는 해당 아파트의 '개별성'을 따져 의사결정을 하는 것이 좋다고 판단했다.

어떻게 했는지 살펴보자.

원하는 물건을 차지하는 기술

A와 B 아파트는 서로 비슷해서 우열을 가리기가 힘들었다. A 아파트는 지하철 7호선을 이용하기가 편리했으며 연식도 상대적으로 더 짧았다. 다만 복도식이라는 것이 조금 걸렸다. 28평이라는 점도 살짝 아쉬웠다.

B 아파트는 전형적인 32평형으로 앞으로 선호도가 높을 것으로 예상됐으며, 복도식이 아닌 계단식이었다. 하지만 동 간격이 상대적으로 좁고 연식이 오래됐다는 단점이 있었다.

이처럼 어느 것이 더 좋은지 선뜻 판단하기 어렵다면 해당 물건의 개별성을 따져봐야 한다. 쉽게 말해서 나와 있는 매물 중 내게 맞는 조건을 갖춘 것이 있다면 그 매물을 택하는 것이 좋다는 의미다. 그런 의미에서 우리 부부에게는 32평의 B 아파트가 더 매력적이었는데 이유는 다음과 같다.

첫째, 매도자가 사정이 있어서 내놓은 물건이었다. 지방으로 발령이 나서 집을 내놓았다고 하는데 이 경우 협상만 잘하면 가격을 조정할 수 있겠다고 생각했다. 이렇듯 매도자가 어떤 이유로 집을 내놓았는지 파악하는 것은 매우 중요하다.

둘째, 매도자가 해당 물건에 크게 집착하지 않는 듯한 모습이었다. 이건 글로 설명하기에는 조금 어려운데, 실제 집을 보면서(총 세 번 정도 살펴봤다) 매도자와 이야기를 나눠보니 그 집에 큰 애착이 없다는 것이 느껴졌다. 적극적으로 가격 협상을 하거나 자기가 살던 집에 대해 구체적인 설명 등을 잘 하지 않아 그렇게 느꼈다.

셋째, 인테리어가 잘 되어 있어서 마음에 들었다. 앞서 설명한 대로 B 아파트는 연식이 다소 오래된 단지인데 매물로 나온 물건은 새시까지 모두 수리가 되어 있었다. 최소한 1,000만 원 정도는 벌었다는 생각으로 협상에 임했다.

우선 나는 호가인 3억 2,000만 원에서 가격을 확 낮춰달라고 부동산 사무실에 요구했다. '호가'란 말 그대로 '부르는 값'이라는 뜻이다. 매도자 역시 어느 정도는 가격 조정을 고려하고 내놓은 것이기에 매수 의향이 있다면 상황에 따라 조정이 가능하다. 단, 너무 터무니없이 가격을 깎아달라고 하면 아예 거래가 틀어질 수 있으니 주의하기 바란다.

그러나 부동산 가격이 상승하는 시기에는 매도자가 주도권을 갖는 경우가 많기에 약간의 가격 조정보다는 원하는 물건을 잡는 것이 더 중요할 수 있다.

당시는 그렇게까지 매도자 우위 시장이 형성되어 있지는 않았다. 그래서 나는 '3억 원'이라는 가격을 제시한 것이다. 부동산 사무실에서는 그건 힘들다며 난색을 표했지만 "사장님, 일단 물어보기라도 하세요. 가격결정은 매도자가 하는 것 아닌가요?"라고 하면서 일단 시도는 해보라고 했다.

그렇게 할 수 있었던 이유는 두 가지였다.

첫 번째는 혹시라도 조정이 안 되면 B 아파트를 포기하고 A 아파트를 매수할 생각이었다. 이처럼 결렬됐을 때의 대안을 가지고 있다면 보다 자신 있게 협상에 임할 수 있다는 걸 이때의 경험으로 배웠다.

두 번째는 어차피 자금이 부족해 3억 원을 넘어가면 무리라는 판단에서였다. '되면 좋고, 안 되면 다른 걸 하자'라는 마음으로 다소 자신 있게 나갔다. 여기에 매도자가 반드시 협상에 임할 것이라는 생각도 있었는데 다행히 그 느낌이 들어맞았다. 매도자는 처음에 3억 1,000만 원이라는 가격을 제시했다. 거기에 내가 몇 번 더 요구해서 최종적으로는 3억 500만 원에 계약을 하게 됐다.

단순히 말 몇 마디로 큰 금액을 깎은 것처럼 보이겠지만, 나에게는 다른 대안이 있었고 상대방의 사정을 분석한 후 협상에 임했기에 이런 결과가 나왔다고 생각한다. 이후에도 비슷한 방법으로 대부분 좋은 결과가 나왔다.

반드시 기억하자. 협상에서 정답은 없다. 협상을 해야 하는 상황이 천차만별이기에 무엇을 어떻게 해야 한다고 정해둘 순 없다. 다만, 유연한 사고가 중요하다는 점만은 꼭 기억하자.

때로는 자기 자신과 상대방을 잘 파악하여 요구사항을 당당하게 말할 필요도 있다. 특히 그 협상을 깰 정도의 대안이 있다면 그보다 더 강력한 전략은 없다고 생각한다. 당연한 얘기지만, 대안이 많을수록 유리하다.

투자를 계속하기 위한 밑거름

위와 같은 방법으로 원하는 집을 꽤 괜찮은 가격에 매수할 수 있었다. 평당 1,000만 원이 안 되는 가격에 매수한 셈이다. 부동산 경기가 침체되는 최악의 시나리오를 떠올리더라도 더 떨어지지는 않으리라는 확신이 있었다.

우리는 원래 그 집으로 들어가려고 했다. 당시 살고 있던 월셋집보다는 환경이 더 좋았으며 장모님 댁도 가까워 아이를 맡기고 볼일을 보기에도 수월했다. 하지만 마음이 바뀌어 그보다는 월세로 계속 살면서 자금을 마련해 투자를 하는 게 더 낫지 않을까 하는 생각이 들었다.

2016년 5월 당시, 나는 여전히 서울의 부동산 가격이 그리 높지 않다고 판단하고 있었고, 아이가 크기 전에 최대한 투자에 힘써야 한다고 생각했다. 애초에 2년 동안 월세살이를 하면서 투자하기로 목표를 세운 것이니 그 계획대로 하는 게 어떨까 하는 것이었다.

그래서 아내에게 내 생각을 이야기해봤다.

"우리 원래대로 조금만 더 참자. 2년이 힘들면 1년만 참아보면 어때?"

다행히 아내 역시 다시 집을 구하면서 비슷한 생각을 했다며, 좀 힘이 들긴 하지만 원래 계획대로 하자고 했다.

집을 마련하면서 부부가 생각을 같이하는 것은 매우 중요하다. 우리 부부 역시 신혼 초에는 의견 차이로 다투기도 많이 했지만(물론 지금도 가끔 그런다), 집을 마련하면서 그 간격을 점차 줄이고 서로를 더 잘 이해할 수 있게 됐다. 어쩌면 그 점이 자산 증식보다 더 큰 수확이라고 생각한다.

우리 부부는 부동산 사무실에 연락해 사정상 그 집을 전세로 내놓아야겠다고 했다. 얼마 안 가 매도자의 협조로 세를 놓았으며, 계획대로 다시 투자에 나섰다. 훗날 거둬들일 과실을 생각하며 한 걸음 한 걸음 함께 나아갔다. 그리고 1년이 지난 후, 우리 부부는 또 다른 결심을 했다.

서울 및 수도권에 위치한
9억 원 이하의 아파트 투자하기

#서울수도권 #노도강 #신분당선

#9억이하 #일자리 #교통 #풍선효과

서울은 '노(원구)·도(봉구)·강(북구)'을 관심 있게 보자

'12·16 대책'으로 상승세가 다소 주춤해졌지만 여전히 서울, 수도권을 중심으로 집값은 상승 중이다. 하루가 다르게 시세가 변하기에 나 역시 다급한 마음이 드는데(원고를 쓰는 시점과 책이 출간되는 시점의 차이를 최소화해야 하기에), 실제 거주 주택을 알아보는 사람들 입장에선 오죽할까.

그럼에도 서울, 수도권 지역 중 관심 있게 봐야 하는 곳을 골라보았다. 가격 자체에 관심을 갖기보단 선정 이유와 그 배경에 대해 집중하면 좋을 것이다.

이 책에서 설명한 대로 서울은 일자리를 중심으로 해당 지역과 물리적 거

동북선 경전철 노선도

출처: 국토교통부

리가 가깝거나 교통수단이 편리하여 빨리 도착할 수 있는 지역이 앞으로도 가격 상승에 유리하다고 했다. 그에 반해 외곽 지역은 거리가 멀 뿐만 아니라 교통수단 역시 일정 수준 한계가 있기에 가격 상승 폭이 크지 않았다. 대표적인 지역이 서울의 동북부 지역인 노원구와 도봉구, 강북구다.

하지만 서울의 중심 지역이 연일 신고가를 갱신하고 그에 반해 대출 규제 등 각종 규제책으로 실수요자들의 접근이 어려워지자, 가격이 상대적으로 저렴한 지역으로 관심이 몰리는 이른바 '풍선효과'를 기대해볼 수 있게 됐다.

물론 단순히 가격이 저렴하다는 이유로 접근해서는 곤란하다. 서울 동북부 지역은 서울 왕십리에서 미아사거리역, 상계역을 잇는 동북선 경전철 사업에 속도가 붙을 전망이다. 예정대로 진행된다면 상계역에서 왕십리역까지 25분이면 갈 수 있다. 이어 왕십리역에서는 분당선, 2호선, 5호선, 경의중앙선을 이용할 수 있기에 강남 접근성 역시 높아지므로 주목할 필요가 있다. 게다가 노원구 중계동은 학군 선호 지역으로, 여기에 일자리 접근성까지 좋아진다면 선호도가 더욱 높아질 것으로 예상된다. 동북선은 2024년 개통을 목표로 하고 있는데, 실제 개통은 이보다 더 늦어질 가능성이 크다는 점을 인지하고 접근하자.

경기도는 '신분당선 라인'에 집중하자

경기도는 계속해서 커지고 있다. 이미 인구는 서울을 앞질렀으며 면적 역시 더 넓다. 모든 지역을 살펴보면 좋겠지만 선택과 집중을 하라면 단연코 '동남부 라인'이다. 그 중심에는 신분당선이 있다. 신분당선의 파급효과는 생각보다 크다. 서울 강남에서 20킬로미터가 넘게 떨어진 지역도 신분당선 지하철을 타면 30분 이내에 갈 수 있다. 더구나 2022년 신사-강남 구간이 개통된다면 기존 분당선, 3호선, 2호선뿐만 아니라 7호선, 9호선, 3호선이 추가로 연결되기에 더 많은 이들이 이용할 것으로 보인다. 이렇게 되면 이제 서울의 웬만한 일자리는 한 번 이내 환승만으로 모두 도달할 수 있게 된다.

이미 2013년도에 신분당선을 이용해 판교로 통근했던 나는 최근 이용객이 급증한 신분당선을 보며 앞으로 이용객이 더욱더 늘어날 것임을 온몸으

신분당선의 연장 노선도

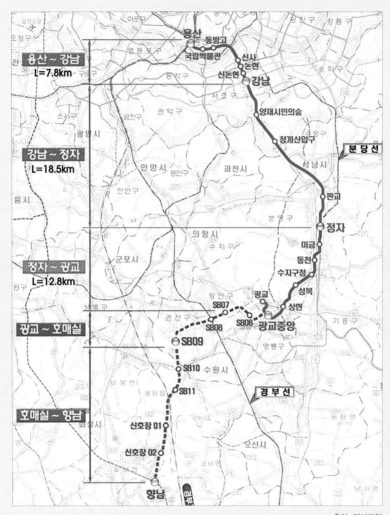

출처: 경기도청

로 느꼈다. 부동산을 잘 모르더라도 신분당선을 이용하여 통근해본 직장인이라면 누구나 공감할 수 있을 것이다. 다만 그들과 나의 한 가지 조그마한 차이가 있다면, 나는 이용객이 늘어나면서 생긴 불편(출퇴근 시간에 만원 지하철을 이용하는)을 겪으면서 단순히 불만만 가지지 않고 여기에서 또 다른 기회를 찾았다는 것이다.

계속되는 신분당선의 확장

2022년 신분당선 연장과 함께 2023년이 되면 광교~호매실도 연장 공사에 착수한다. 현재 노선을 중심으로 서울 위쪽으로는 2022년에 연장되고, 그 이후에는 아래쪽으로도 연장된다. 그러면 현재 노선의 끝이 중간이 되는데, 이때 또 한 번의 기회가 생긴다.

현재 신분당선의 양쪽 끝은 강남역과 광교역이다. 지금도 주택 가격이 높고 선호하는 지역인데 신분당선이 연장된다면 또 한 번 상승할 것이 유력하다.

이미 가격이 높아 아쉽다면, 대안으로 그 주변을 보자. 이왕이면 일자리(강남 또는 판교) 접근성도 함께 따져보자. 그러면 쉽게 눈에 띄는 지역이 보일 것이다. 바로 용인 수지다.

신분당선역 기준으로는 동천역-수지구청역-성복역이다. 이곳 역시 일자리 접근성이 좋고 학군 선호 지역이므로 9억 원 이하 집들에 관심을 두자. 일자리와 학군 두 가지 요소를 충족하면 더할 나위 없지만, 그중 하나만 고르라고 한다면 일자리 접근성을 더 높게 보는 것이 유리하다. 즉, 역 접근성을 우선하여 선택한다면 나쁘지 않을 것이다.

신분당선 광교~호매실 확장 노선도

출처: 국토교통부

신분당선의 확장을 대표적으로 말했지만, 수도권 곳곳에는 아직도 교통 호재가 많다. 국토교통부 홈페이지, 부동산 기사 등에 끊임없이 관심을 갖도록 하자.

제 4 장

실전! 내게 딱 맞는
투자 물건 찾기

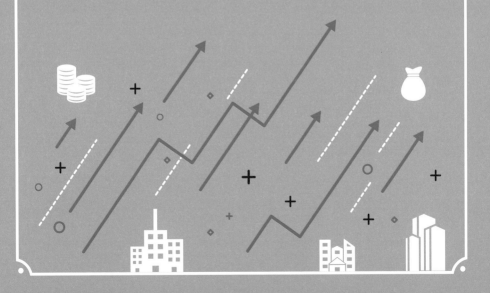

그때그때
필요한 집은 다르다

아파트 투자로 배운 다섯 가지 교훈

원래 월셋집으로 이사를 하면서 아내와 함께 '딱 2년만 고생하자'고 했었다. 조금 힘들더라도 미래를 위해 더 많은 자산을 취득하고 불리고 싶어서였다.

처음에는 다소 버거웠지만 역시 사람은 적응의 동물인 듯하다. 시간이 지나면서 새로운 생활에 무난히 적응했으니 말이다. 아마도 월세 생활에 '끝이 있고', '자발적으로 선택'한 일이기에 그랬을 것이다.

이를 통해 우리 부부가 배운 것은 다음과 같다.

첫째, 너무 많은 돈을 깔고 있지는 말자. 집을 통해 누릴 수 있는 혜택은 분명 많다. 그리고 이 역시 좋은 투자임에는 분명하다. 하지만 지나치게 많은 자산을 깔고 있음으로써 투자 기회를 놓친다면, 결코 현명하다고 볼 수 없다. 지금 사는 집에 들어간 돈을 한 번 정도는 점검해봐야 할 것이다.

둘째, 살고 있는 집을 세 주고 투자할 수 있는 시기는 정해져 있다. 아이가 학교에 들어가면 보통은 학교 문제로 이리저리 이사를 다닐 수 없다. 따라서 살고 있는 집을 세 주고 투자를 하고 싶다면 자녀가 없거나 아주 어릴 때, 아니면 반대로 다 키운 후에 해야 한다.

셋째, 잠깐 임차를 해야 한다면 전세보다는 월세가 낫다. 내 집을 세 주고 나와 임차를 한다고 하자. 목적이 투자라면 전세보다는 월세로 해야 할 것이다. 그래야 그 자금으로 뭐라도 굴릴 수 있다. 물론 이에 대한 책임은 오롯이 자기 몫이다.

넷째, 월세라고 하더라도 무조건 들어가서는 안 된다. '어차피 월세니까 아무 곳이나 가자.' 이래서는 곤란하다. 나 역시 월셋집에서 나올 때 꽤 고생을 했다. 시세 조사를 제대로 하지 않고 '다소 비싼' 월셋집으로 들어간 것이 화근이었다. 계약 기간을 다 채우지 못하고 나올 수도 있고, 계약 기간이 다 되어도 다음 세입자를 구하지 못해 일정이 맞지 않을 수도 있다. 부동산 거래에는 관행이라는 게 있어서 모든 것이 계약에 딱 맞게 진행되지는 않는다. 따라서 나중에 빠져나올 때도 생각을 하고 들어가야 한다.

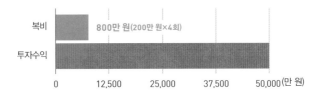

4년간 이사 비용 대비 투자수익

복비　800만 원(200만 원×4회)
투자수익

0　　12,500　　25,000　　37,500　　50,000(만 원)

　다섯째, 복비/이사비를 아까워하지 말자. 간혹 주변에 보면 '아직 만기가 되지 않았는데 복비(부동산중개료)를 내는 게 아까워서' 또는 '이사비가 비싸서' 등의 이유로 중간에 움직이지 못하는 경우가 있다. 하지만 이사비는 어차피 이사를 해야 한다면 무조건 발생하는 것이고, 복비 역시 타이밍을 잡기 위해서라면 어느 정도 낼 각오를 하는 게 낫다.

　참고로, 우리 부부가 지난 4년 동안 네 번의 이사를 하면서 지불한 복비는 1,000만 원이 채 되지 않는다. 하지만 이를 통해 늘어난 자산은 대략 5억 원에 달한다.

　월세살이를 한 1년은 힘들고 아쉬운 일도 있었지만, 배운 것이 훨씬 많은 시기였다. 하지만 결국에는 2년을 다 채우지 못하고 1년이 조금 지난 시점에 또 다른 결심을 하게 됐다. 서울 중랑구에서 판교까지 통근하기가 너무 힘들었고(왕복 3시간 반에서 4시간 정도가 소요됐다), 무릎도 많이 나빠져서 뭔가 대책을 세우지 않으면 안 된다는 생각에서였다. 그리고 중요한 이유가 하나 더 생겼다.

언제나 완벽한 집은 없다

통근 거리가 멀어 왕복 4시간에 가까운 시간이 소요됐지만 그래도 그 점은 그럭저럭 극복할 수 있었다. 책을 보거나 투자 정보를 취합하는 등 나름대로 요긴하게 활용했기 때문이다. 하지만 이로 인한 체력 저하, 특히 한쪽 무릎이 안 좋아진 것은 전혀 생각지 못한 부분이었다. 그런데 그보다 더 신경이 쓰인 건 아이가 점점 자라 이제 네 살이 됐다는 것이다.

우리 부부는 아이가 네 살, 그러니까 만 3세가 될 때까지는 되도록 어린이집에 보내지 않고 집에서 기르자고 의견 일치를 봤다. 만 3세까지는 부모가 키우는 게 좋다는 정보를 접했기 때문이다. 육아에 대해 잘 모르지만(당연히 모든 부모가 그럴 것이다. 모두 처음이니까!) 그 부분은 나름대로 공감이 되어 그때까진 우리가 직접 돌봤다. 그런데 이제 슬슬 어린이집에 보낼 시기가 됐고, 그렇게 생각하니 알아봐야 할 게 너무 많은 것이다.

우선 아이를 '어떻게' 키우는 게 좋을지 생각해봤다. 모든 부모가 자식이 잘되기를 바라겠지만, 특히 우리 부부는 건강하게 자라는 것을 가장 중요하게 여겼다. 그러려면 도시보다는 자연환경을 자주 접할 수 있는 곳이 좋으리라고 봤다.

또 공부를 잘하면 좋겠지만 너무 입시 위주의 공부에만 매달리는 건 원치 않았다. 굳이 표현하자면 '적당하게' 공부하는 정도라면 괜찮다고나 할까(물론 나중에 바뀔지도 모르지만, 아직까지는 그 생각에 변함이 없다). 여기에 자기가 좋아하는 걸 찾을 수 있도록 다양한 경험을 제공해주고 싶다.

그래서 나는 늘 아이에게 다음 세 가지를 당부한다.

- 건강하게 자라야 한다.
- 하고 싶은 일을 한다.
- 남들에게 피해 주지 말고, 더 나아가 남을 돕는다.

아이를 생각하면서 거주 환경을 다시 살펴보니 몇 가지 측면에서 아쉬운 점이 눈에 띄었다. 우선 아이가 자연환경을 더 많이 느끼기에는 서울은 여의치 않았다. 인근에 어린이집이 있었지만 일반적인 프로그램으로 운영하여 다소 아쉬웠다. 단순히 공부만 하는 것이 아니라 자연 활동이 많은 곳이기를 바랐기 때문이다. 결정적으로, 인근에 초등학교가 없었다. 당장 아이가 여덟 살이 된다면 초등학교를 멀리 떨어진 곳으로 다녀야 하는데 그건 아무리 생각해도 부담이 됐다.

그래서 결심했다. 이번에는 '학군'을 보고 이사할 집을 구하기로 말이다. 지금까지는 교통을 중심으로 직장에 얼마나 빨리 갈 수 있느냐를 중점적으로 봤다면, 이제는 고려해야 할 요소를 또 하나 추가한 것이다.

그렇게 우리 가족은 이사를 하고 그 과정을 온몸으로 경험하면서 우리에게 맞는 집을 어떻게 고를지 기준을 하나씩 찾아나갔다.

부동산과 학군의
상관관계

아이가 크니 보이는 학군

2017년 새해가 됐다. 아이는 네 살이 됐고 우리 부부는 우리 기준에 맞춰 아이를 키우기 위해 다시 이사를 가야겠다고 생각했다. 이렇게 보면 부동산 공부에서 사람의 '생애 주기'를 고려하는 것이 매우 중요하다는 걸 알 수 있다.

10~20대 때는 부동산에 큰 관심을 보이지 않다가, 20대 후반이나 30대가 되어 결혼을 하면서 집에 대한 수요가 생기게 된다. 그 집이 자가든 임차든, 부모로부터 독립해서 나와 세대를 구성할 때 부동

산 계약이라는 것을 하게 된다. 보통 그 시기에는 아파트를 기준으로 20평대만 되어도 충분하다는 생각을 많이 한다. 그러다가 아이가 태어나면 조금 더 큰 집으로 옮기기를 원하는데, 그게 바로 30평대다. 보통은 여기에서 멈추는 경우가 많다. 그래서 30평대를 '국민 평형'이라고 하는 것이다.

여기에서 더 세분되기도 한다. 대표적으로 자녀 교육에 유리한 지역, 즉 '학군'을 고려해서 이사하는 경우다. '맹모삼천지교'라는 말도 있듯이, 대부분의 부모는 자녀가 학업에 열중해 상위 대학에 가고 대기업에 취직하기를 원한다. 그래서 좋은 학교나 학원가의 주택 또는 자녀 키우기에 안전한 지역이라면 부모들의 선호도가 높다. 이는 곧바로 주택 가격에 반영된다.

그 밖에 자녀가 여럿인 가정은 조금 더 큰 평수를 선호해서 40평대 또는 그 이상으로 이주하는 경우도 있지만, 아무래도 최근에는 이런 수요는 많지 않다. 정리하면 오른쪽 도표와 같다.

이렇듯 부동산은 사람이 일생을 살아갈 때 꼭 필요로 하는 재화다. 따라서 사람들이 어떻게 움직일지를 예측하고 그보다 조금 더 빨리 움직이면 좋은 기회를 포착할 수 있다.

여기에서 중요한 건 '다수 대중'의 심리를 깨달아야 한다는 것이다. 소수의 움직임만을 보고 이를 바탕으로 전략을 짜면 기대한 바를 이루기 어렵다.

우리 부부도 처음 신혼집을 선택할 때는 정말 '아무 생각 없이' 둘

생애 주기별 부동산 수요

시기	수요	선호 주거 타입
20대 후반부터 30대 초반	사회 초년생 또는 결혼 등으로 거주할 공간 필요	보통 20평대, 역세권
30대 초반부터 30대 중반	자녀가 생기면서 조금 더 큰 평형으로 이동	30평대 이상
30대 중반부터 40대 초반	자녀가 학교에 입학하면서 학군 등을 고려하기 시작	인기 학군
40대 중반 이후	자녀가 분가하면서 기존 집을 처분하거나 축소	20평대면서 교통이 편리한 역세권

- 기타 특수 사례로, 다자녀인 경우 중대형 선호(다만 수요는 적음)
- 1인 가구인 경우 역세권이면서 편의시설이 많은 도심 지역 선호

만 고려했다. 그러다가 아이가 태어나고 점점 자라니 '이래서 사람들이 이런 곳으로 이사를 하는구나. 그래서 이 집 가격이 비싸구나'라는 걸 깨닫게 됐다.

하지만 우리가 가고 싶은 곳(정확히는 남들도 가고 싶어 하는 곳)은 너무나 비쌌고, 가진 게 별로 없는 우리 부부는 어떻게 해야 할지 고민하기 시작했다.

고민한 결과, 두 가지 방법을 찾아냈다.

세 끼고 사두기와 내 집 마련

첫 번째 방법은 자금을 모두 끌어모아(대출 포함), 조금 더 좋은 곳으로 가는 것이었다. 즉 곧바로 집을 마련해서 그 집으로 들어가는 것이다. 기존과 다른 점이 있다면, 이번에는 교통만 보는 게 아니라 자녀 교육(물론 우리 부부의 기준으로)에 유리해야 한다는 조건을 추가했다.

두 번째 방법은 첫 번째 방법처럼 지금 당장 이사를 할 수는 없으니, 마음에 드는 집을 골라 세를 끼고 사두는 방식이다.

당신이라면 어느 쪽을 선택하겠는가?

- 지금 당장 내 집 마련을 할까?
- 전세 끼고 사둘까?

당시에는 세를 끼고 집을 하나 사두려는 것이 나의 계획이었다. 원하는 지역으로 바로 이사할 수 없으니 이렇게라도 해서 미리 집을 '잡아두고' 이후에 이사를 가려고 한 것이다. 그런데 이 계획이 성공하려면 집값이 앞으로 상승해야만 한다.

예를 들어 A라는 집이 있는데 집값이 5억 원이고 전세는 4억 원이라고 가정하자. 세금과 부대비용을 제외하고 내 돈 1억 원이 있다면 A라는 집을 매수할 수 있다. 그리고 나는 계속해서 임차(전세 또는 월세)로 지낸다.

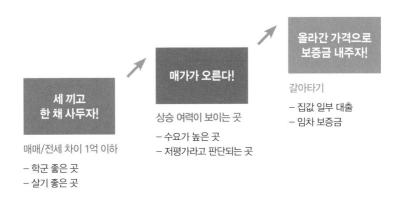

세 끼고 사두기 플랜

**세 끼고
한 채 사두자!**

매매/전세 차이 1억 이하

– 학군 좋은 곳
– 살기 좋은 곳

매가가 오른다!

상승 여력이 보이는 곳

– 수요가 높은 곳
– 저평가라고 판단되는 곳

**올라간 가격으로
보증금 내주자!**

갈아타기

– 집값 일부 대출
– 임차 보증금

중요한 건 그다음이다. 매수하고 3~4년이 지난 시점에 A 집의 매매 가격이 올라줘야 한다. 예를 들어 1억 원이 올라 집값이 6억 원이 됐다고 하자(전세가 역시 상승할 수 있지만 올리지 않고 4억 원 그대로 유지한다). 그러면 올라간 집값 6억 원에서 절반 정도 대출을 일으켜 3억 원을 확보하고, 임차로 살던 집의 보증금 등으로 1억 원을 보태 보증금 4억 원을 내주고 그 집에 들어갈 수 있다.

그렇다면 2017년 당시 이런 방식으로 집을 살 수 있었을까?

우선 학군이 좋다고 알려진 지역을 살펴봤다. 당시 거주하던 곳 인근에 있는 노원구 중계동이 눈에 들어왔다. 그보다 조금 아래쪽에 있는 광진구 광장동 학군도 살펴봤으며, 당연히 목동과 대치동도 생각했다. 더 밑으로 내려가 회사 인근에 있는 분당도 고려하게 됐다.

당시 이사를 고려했던 지역들

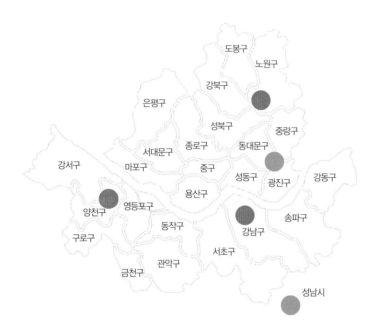

이들 지역을 하나씩 간단히 살펴보자.

- 중계동: 지금도 회사(판교)까지 통근 거리가 먼데, 더 위로 올라 갈 수는 없다. → 탈락
- 목동, 대치동: 가격이 워낙 비쌌고, 지나치게 입시 위주의 교육이 라 판단된다. → 탈락
- 광장동: 친숙한 곳이고 통근하는 데 다소 유리하다. → 일단 긍

학군이 좋아 인기가 높은 광장동 현대5단지 아파트

출처: 네이버 지도

정적

- 분당: 회사와 가까워 좋지만 새로운 곳으로 이전하는 데 따른 부담감이 있다. → 일단 긍정적

총 다섯 곳이었으나 현실적인 여건을 고려하니 광장동과 분당 정도가 남았다. 그렇다면 실제 이 방법이 통했을까? 먼저 위 지도의 광장동 현대5단지 아파트를 살펴보자.

광장동 현대5단지 아파트의 2017년 1월 매매가와 전세가

(단위: 만 원)

기준월	매매가			전세가			월세가	
	하위 평균가	일반 평균가	상위 평균가	하위 평균가	일반 평균가	상위 평균가	보증금	월세
2017.01	44,000	51,000	55,000	35,500	38,000	40,500	5,000	100 ~120

출처: KB부동산 리브온

광장동 현대5단지 아파트의 2019년 10월 매매가와 전세가

(단위: 만 원)

기준월	매매가			전세가			월세가	
	하위 평균가	일반 평균가	상위 평균가	하위 평균가	일반 평균가	상위 평균가	보증금	월세
2019.10	77,500	85,500	87,500	37,500	40,000	43,000	5,000	100 ~120

출처: KB부동산 리브온

KB시세 기준 2017년 1월 매매가 평균은 5.1억 원, 전세 평균은 3.8억 원이었다(22평형). 즉, 부대비용을 제외하고 내 돈 1억 3,000만 원이 있으면 이 집을 매수할 수 있었다는 뜻이다.

그렇다면 2년 9개월 뒤 시세는 어느 정도일까(2019년 10월 기준)?

전세는 2,000만 원 정도가 올랐는데 매매가는 무려 3억 원이 넘게 올라 8억 원대 중반이나 된다. 단순히 계산해도 담보대출 50퍼센트만 일으키면 전세 보증금을 내주고 그 집에 들어갈 수 있다. 이론상

분당 파크타운대림 아파트

출처: 네이버 지도

추가해야 하는 금액은 없다.

같은 방법으로 30평형대도 직접 검토해보길 바란다. 앞서 살펴본 것보다 필요한 금액은 더 많지만 그만큼 상승폭도 더 컸다(실거래가와 호가에 차이가 있어 실제로는 KB시세보다 더 높은 경우가 대부분이다).

또 다른 후보였던 분당의 아파트를 보자. 위 지도는 분당 중앙공원 인근에 있는 파크타운대림 아파트다. 같은 방법으로 2017년 1월 KB 시세를 살펴보면 다음과 같다.

매매가는 4억 원 초반, 전세는 3.4억 원 정도였으니 자기 돈 6,000만

분당 파크타운대림 아파트의 2017년 1월 매매가와 전세가

(단위: 만 원)

기준월	매매가			전세가			월세가	
	하위 평균가	일반 평균가	상위 평균가	하위 평균가	일반 평균가	상위 평균가	보증금	월세
2017.01	38,500	40,250	42,000	31,750	34,750	33,250	10,000	83~90

출처: KB부동산 리브온

분당 파크타운대림 아파트의 2019년 10월 매매가와 전세가

(단위: 만 원)

기준월	매매가			전세가			월세가	
	하위 평균가	일반 평균가	상위 평균가	하위 평균가	일반 평균가	상위 평균가	보증금	월세
2019.10	62,000	66,000	69,000	33,750	35,250	38,000	10,000	83~90

출처: KB부동산 리브온

원 정도만 있으면 세를 끼고 매수할 수 있었다. 앞서 살펴본 광장동 현대5단지 아파트와 비교해보면 매매가/전세가가 서울 아파트의 80퍼센트 정도 수준이다.

그렇다면 2년 9개월 뒤 시세는 어떨까(2019년 10월 기준)?

매매가는 6.6억 원, 전세는 3.5억 원으로 역시 현대5단지 아파트처럼 전세 대비 매매가가 크게 올랐다. 이번에도 집값의 50퍼센트를 대출받으면 전세 보증금을 내주고 그 집에 들어갈 수 있다. 마찬가지로 추가로 들어가는 돈은 거의 없을 것이다.

지금까지 관심 있는 아파트를 선별하고, KB시세를 조회하고, 아파트 매수를 위한 비교 작업을 하는 과정을 세세하게 다뤘다. 그리고 나처럼 돈이 부족한 사람을 위해서 세를 끼고 매매하는 방법을 소개했다. 이는 예산이 좀 부족하더라도 자신에게 딱 맞는 조건의 아파트를 고르는 방법이 있다는 것을 알려주기 위해서다.

나는 서울 광장동, 경기 분당구를 중점적으로 알아보았지만, 각자 상황에 따라 적합한 지역이 있을 것이다. 다양한 경우의 수를 두고 하나하나 가능성을 검토해보면 나에게 딱 맞는 지역과 아파트를 구할 수 있다.

학군과
지역 분석

왜 학군이 중요할까

앞서도 말했듯이, 원래는 세를 끼고 집을 사두려 했다. 하지만 그렇게 하지는 못했다. 그 방법에 확신이 없어서였을까? 그렇진 않다. 충분히 집값이 오르리라 예상은 했지만, 내가 너무 지쳐 있었다. 환경이 좀 불편한 건 내가 참으면 됐다. 월세가 나가는 것도 은행에 이자 내는 것과 다르지 않다고 생각했다.

그런데 문제는 너무 먼 통근 거리였다. 거기에다 결정적으로, 이대로 가다간 몸에 탈이 날 것 같다는 생각이 들었다. 건강을 잃으면 모

일자리가 풍부한 지역을 지나는 신분당선

출처: 네이버 지도

든 걸 잃은 것이나 다름없지 않은가.

그래서 결국엔 당장 이사할 수 있는 집을 구하기로 마음먹었다. 회사에서 좀 더 가까우며, 아이 키우기도 좋은 곳으로 말이다.

그렇다면 어디로 가야 할까? 이때부터 나는 신분당선에 집중했다.

신분당선을 선택한 이유는 직장이 판교에 위치했기 때문이다. 첫 번째 집을 구할 때는 신분당선이 연장되리라는 걸 몰랐기에 그 옆의 분당선만 샅샅이 찾아보았는데, 2016년 초 신분당선이 연장되면서 이제 용인 수지에서도 판교까지 빠르게 이동할 수 있게 됐다(신분당선은 광교~호매실 구간이 예비타당성 조사를 통과해 2023년부터 착공이 확정됨으로써 영향력이 더욱 커졌다).

집을 구하기 위한 예산은 4억 원 초·중반으로 잡고(2017년 초 기준), 이번에도 전처럼 '전수조사'를 하기로 마음먹었다. 하지만 예전 분당선 때의 경험에서처럼 신분당선 역시 전수조사를 할 필요가 없었다. 대부분 역 인근의 아파트 가격이 상당히 높았기 때문이다.

강남을 시작으로 양재, 판교, 정자까지 모두 내 예산을 초과했다. 그러다 동천역으로 가니(정자역과 동천역 사이에 있는 미금역은 2018년 4월에 개통됐다) 그나마 예산 범위에 들어오는 집들이 보이기 시작했다. 동천–수지구청–성복역까지는 어느 정도 구매가 가능했는데 상현역으로 가니 다시 집값이 올라가기 시작했다. 가장 마지막에 있는 광교역은 판교와 유사한 수준이었다.

이 조사 결과를 통해 동천역부터 성복역까지를 타깃으로 해야겠다고 마음먹었다.

그렇다면 이 세 개 역 중 어디로 가야 할까?

중학교 학군이 핵심이다

첫 번째 집을 구할 때와 상황이 많이 달라져 있었다. 그동안 나도 웬만큼 경험을 쌓았기에 부동산을 바라보는 관점은 물론 주택을 매수할 때 고려하는 요소도 많아졌다. 계약 과정에서 이런저런 경험치를 쌓은 것도 물론이다. 여기에 자녀 교육도 생각해야 했기에 '학군'까지 따져야 했다(물론 일반적인 기준의 '공부 많이 시키는' 학군과는 다소 다르지만).

그렇다면 학군을 따질 때는 초등학교, 중학교, 고등학교 중에서 어떤 걸 봐야 할까?

정답은 '중학교'다. 상위 대학에 가려면 공부 잘하는 고등학교에 가야 하는데, 이런 고등학교에 입학하는 건 중학교 때 이미 판가름 난다고 봐서 학부모들은 중학교 시기에 집중하는 추세다.

물론 이와 같은 방식으로 생각한다면 초등학교, 심지어 유치원까지 내려갈 수 있지만 아이들의 발달 상태나 사춘기 시기 등을 고려할 때 본격적인 입시 전쟁은 중학교부터라고 보는 게 중론이다. 뒤에서도 이야기하겠지만 중학교 학군에 따라 집값이 차이를 보이기도 한다.

일단 지금까지의 내용을 정리해보자.

- 세 끼고 집을 사두기보단, 지금 당장의 삶의 질을 고려하여 거주할 집을 매수하기로 했다.
- 지역은 근무지인 판교까지 빠르게 갈 수 있는 신분당선 라인으로 한다.
- 신분당선 라인 중 예산 등을 고려할 때 '동천역 – 수지구청역-성복역' 구간이 적당해 보였다.

신분당선과 분당선 전철역 인근의 선호도 높은 중학교

출처: 네이버 지도

- 위의 세 개 역 중 중학교 학군이 괜찮은 곳을 택하기로 했다.

그렇다면 어디로 갈까? 위의 지도를 보자.

신분당선 수지구청역과 성복역 그리고 분당선 죽전역을 중심으로 선호도가 높은 중학교를 체크한 지도다. 물론 이 외에도 좋은 중학교가 많지만, 모두 살펴볼 수 없기에 일부만 보기로 한다.

- 이현중: 수지에서 'Top 3' 정도는 유지하는 중학교다. 인근에 초등학교와 중학교가 있어 이를 둘러싼 단지는 '초중품아'(초등학교

와 중학교를 품은 아파트)로 이해하면 된다. 수지구청 학원가를 이용한다.

- 정평중: 학업 성적도 뛰어나고 무엇보다 역 접근성(수지구청역)이 좋다. 게다가 다른 중학교 대비 평지라 선호도가 높다. 수지구청 학원가 접근성이 가장 좋은 편이다.

- 홍천중/성복중: 가히 '신흥 강자'라 할 만하다. 최근 들어 성적이 무섭게 오르고 있는 학군이다. 인근 소규모 학원가가 있지만 상당수는 수지구청 학원가를 이용한다.

- 신촌중: 기흥구 보정역 근처에 위치한 원래 공부를 잘하는 중학교다. '전통의 강자'라고 표현해보면 어떨까. 신분당선이 생긴 이후 다소 주춤한 모습을 보이고 있지만, 인근에 보정동 학원가가 있으며 특목고 진학률 역시 높은 편이다.

이 외에도 여러 특징이 있지만 간략하게 정리하면 이 정도가 될 수 있다. 이렇게 따져보니 일단 수지구청역 또는 성복역으로 가는 것이 좋겠다는 생각이 들었다.

그렇다면 실제 이 학교들이 공부를 잘하는 곳이라는 건 어디에서, 어떻게 파악해야 할까?

학군 분석 노하우

공부를 잘한다는 기준이 뭘까? 아니, 더 나아가 좋은 학교란 어떤 학교일까?

이에 대해서는 여러 가지 기준이 있겠지만, 가치관에 따라 결과가 다를 수 있으므로 객관적인 '하나의 기준'으로 심플하게 알아보는 것이 중요하다. 마치 부동산과 관련된 모든 변수를 검토하는 것보다는 핵심이 되는 주요 변수 몇 가지를 통해 파악하면 대략적인 가치를 알 수 있는 것과 유사하다고나 할까.

게다가 이 책이 학군 전문 도서는 아니므로 몇 가지 중요한 변수를 가지고 전반적인 흐름을 살펴보고자 한다.

학군에 대한 정보는 여러 가지가 있지만, '학업성취도평가'라는 정보를 통해 비교하는 방식이 가장 일반적이다. 학업성취도평가란 중학교 3학년, 고등학교 2학년을 대상으로 모든 학생을 같은 시험에 응시하게 하여 학업 수준을 비교하는 시험을 말한다.

2016년까지는 이 시험이 전수평가였기에 전국단위 비교가 가능했다. 하지만 2017년 이후로는 표집평가로 바뀌었으며 그에 따라 학업성취도평가 결과 공개 항목도 사라졌다. 그래서 특정 중학교가 전국 대비 어느 수준에 있는지를 비교하기가 예전만큼 쉽진 않다.

어찌 됐든, 당시 집을 알아보던 때는 2017년 초였기에 학업성취도평가를 통해 살펴보는 것이 최선이었다. 당시 살펴본 자료는 다음과 같다.

용인 수지 주요 중학교 국영수 평균 성적(2015년 국가 학업성취도평가)

(단위: 퍼센트)

90퍼센트 이상	신촌중(92.3) 이현중(91.8) 정평중(91.4) 대덕중(90.6) 홍천중(90.3)
80퍼센트 이상	죽전중(89.47) 대지중, 수지중, 한빛중(88.8) 문정중, 성북중, 서원중, 성서중, 현암중, 손곡중, 상현중(81.1) 신봉중(80.5)

출처: 심정섭의 나누고 싶은 이야기(blog.naver.com/jonathanshim)

위의 도표는 입시 전문가 '심정섭의 나누고 싶은 이야기'라는 네이버 블로그에서 발견한 것인데, 교육기관에서 제공한 학업성취도평가 결과를 알아보기 쉽게 정리한 표다. 당시 낯선 지역으로 이동해야 하고, 주목적 중 하나가 학군이었기에 인터넷 검색을 하다 찾았다.

2015년 학업성취도평가 결과 수지에서 국영수 평균의 보통 학력 이상 비율이 90퍼센트가 넘는 중학교는 총 다섯 개로 신촌중(92.3퍼센트), 이현중(91.8퍼센트), 정평중(91.4퍼센트), 대덕중(90.6퍼센트), 홍천중(90.3퍼센트)이었다. 이는 맘카페와 인근 부동산 등에서 확인한 내용과 거의 일치했다.

그렇다면 이들 중학교의 2016년 결과는 어떨까?

용인 수지 주요 중학교 국영수 평균 성적 (2016년 국가 학업성취도평가)

구분	신촌중 (기흥구)	이현중 (수지구)	정평중 (수지구)	대덕중 (수지구)	홍천중 (수지구)
국어	95	95.2	96.4	97.1	98.3
수학	88.3	92.3	90	85.8	92.9
영어	91.6	94.3	92.2	95.4	94.2
국영수 평균	91.6 (359명 응시)	93.9 (351명 응시)	92.8 (361명 응시)	92.7 (239명 응시)	95.1 (295명 응시)
총 졸업생	383명	409명	429명	254명	316명
과고, 영재고	1명(0.3)	3명(0.7)	4명(0.9)	3명(1.2)	1명(0.3)
외고, 국제고	11명(2.9)	6명(1.5)	8명(1.9)	6명(2.4)	5명(1.6)
자사고	11명(2.9)	7명(1.7)	12명(2.8)	8명(3.1)	7명(2.2)

출처: 심정섭의 나누고 싶은 이야기

위의 도표에서 확인할 수 있듯이, 역시 같은 학교들이다. 그런데 수치상으로는 좀 변화가 느껴진다. 학군이라는 게 민감할 수 있는 영역이어서 조심스럽긴 하지만, 평균 점수에서 보통 학력 이상 비율이 높은 순서대로 꼽아보면 홍천중(95.1퍼센트), 이현중(93.9퍼센트), 정평중(92.8퍼센트), 대덕중(92.7퍼센트), 신촌중(91.6퍼센트)이다. 2015년 순위에서 변동이 발생한 걸 알 수 있다.

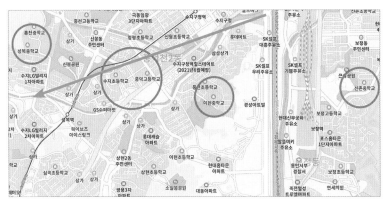

신분당선과 분당선으로 학군이 양분되는 양상

출처: 네이버 지도

물론 2015년과 2016년, 이렇게 단순히 두 개 연도만 비교한다고 해서 해당 학교의 학군을 모두 파악할 수 있는 건 아니다. 그러나 학군에 대해 비전문가인 나 같은 사람의 눈으로 봤을 때, 이런 생각이 들었다.

'혹시 기존 분당선에서 신분당선으로 사람들의 선호도가 바뀌었기에 수치상의 변화가 나온 건 아닐까? 그렇다면 앞으로는 신분당선의 학군이 더 좋아지지 않을까?'

게다가 수지에 잘 갖춰진 학원가로는 보정동 학원가와 수지구청역 인근 학원가가 유명한데, 수지구청역은 신분당선으로 강남 접근성도 좋다. 따라서 앞으로 더 확장될 거라는 생각이 들었다.

이런 점들을 고려할 때 장기적 관점에서는 신분당선을 이용할 수 있는 학군이 유리하겠다고 판단됐다. 그래서 이 인근의 학교를 끼고 있는 단지를 찾아야겠다고 생각했다. 이제 내 후보군은 이현중, 정평중, 홍천중 근처로 압축됐다.

서울이 아니어도
답은 있다

부동산 투자 결정장애 해결법

낯선 환경으로 옮기는 건 설렘보단 걱정이 앞선다. 인간은 원래 변화를 두려워하는 존재 아닌가. 용인 수지는 첫 집을 찾아다닐 때 임장(현장 답사)을 자주 가본 곳이지만, 서울을 벗어난다고 생각하니 이런저런 고민이 많아졌다. 잠깐 있는 것과 아예 거주지를 옮기는 건 다른 이야기이니 말이다. 게다가 잘 모르는 학군까지 조사해야 하고, 이를 어느 정도 만족시켜야 한다고 생각하니 걱정이 컸다.

앞서 살펴본 것처럼 세 개 중학교로 거주지 후보를 압축했다. 하지만 그게 정답인지 아닌지는 알 수 없었다. 실제 살아보고 추가 정보를 접한 지금은 어느 정도 판단이 서지만, 한창 집을 구할 때는 '이렇게 생각하는 게 과연 맞는 것일까?' 하는 걱정을 안 할 수가 없었다.

이렇게 뭔가 혼란스럽고 걱정이 될 때면 초심으로 돌아가는 것이 중요하다. 즉, 기본을 떠올려야 한다. 그래서 나는 '내가 왜 이런 고민을 하는가'를 생각해봤다.

고민 끝에 다음과 같은 결론을 얻었다.

- 아이가 자라니 적당한 수준의 학군과 자녀 교육에 좋은 환경이 필요하다.
- 지나치게 먼 통근 거리로 삶의 질이 많이 저하되어 개선이 필요하다(건강 포함).
- 자연과 가까운 곳, 조금 더 쾌적한 환경에서 살고 싶다.
- 세를 끼고 집을 사두려 했으나, 그보다는 저평가된 집을 매수하는 것이 내 집 마련은 물론 투자에도 도움이 되리라는 판단이 들었다.

마음을 가다듬고 천천히 생각해보니 아이에게 조금 더 자연친화적이고 공부하기 좋은 여건을 만들어주고, 우리 부부에게는 직장과 가깝고 더 건강한 삶을 살 수 있는 거주지를 찾는 것이 이번 이사의 주목적이었다는 게 떠올랐다.

키워드를 꼽자면 가족, 건강, 직주근접職住近接, 삶의 질 개선 등인데, 그렇게 생각하니 무조건 공부를 잘하는 학교 근처로 가는 것이 최우선이 아님을 깨닫게 됐다. 그 결과 '세 곳 중 어디를 가더라도 큰 차이는 없겠구나'라는 생각을 하게 됐다. 그보다는 우리 가족 모두가 만족하고 잘살기 위해 여러 요소를 균형 있게 살펴보는 것이 가장 중요하다는 결론에 도달했다.

용인 수지가 뜨는 결정적 이유

부동산 공부를 하다 보면 '직주근접'이라는 용어를 많이 접하게 된다. 말 그대로 직장과 집이 가까울수록 유리하다는 것인데, 생각해보니 나는 첫 직장 때부터 집과 회사가 가까웠던 적이 없었다. 최소 편도 한 시간에서 한 시간 반, 이를 왕복으로 계산하면 매일 두 시간에서 세 시간 정도는 길에다 버린 셈이다. 그전까지는 크게 개의치 않았지만, 시간이 지나자 자연스레 '나도 회사 근처에서 살고 싶다'라는 생각을 하게 됐다.

앞서 살펴본 것처럼, 직장이 많은 곳은 그에 따라 집값도 만만치 않다. 내가 다니던 직장은 판교에 있었는데, 판교는 행정구역상으로는 성남시 분당구의 일부이지만 이미 이곳은 별도 지역으로 보는 것이 맞다.

'강남' 하면 행정구역상의 서울시 강남구보다는 지하철 2호선 강남역과 그 인근이 떠오르듯이, '판교' 하면 성남이냐 분당이냐가 아니라 그 자체로 큰 의미를 갖는다. 참고로, 판교가 중요한 이유는 무엇보다 '풍부한 일자리' 때문이다.

2019년 1월 6일 〈중앙일보〉에서 판교에 대한 기사를 보도했다. 기사에서는 판교에서 일하는 근로자 7만 명이 만들어내는 매출액이 80조 원(2017년 기준)에 육박한다고 밝혔다. 이는 인구수 340만 명의 부산, 295만 명의 인천이 창출하는 지역 내 총생산과 맞먹는 놀라운 규모다. 판교에 대기업을 비롯하여 주요 혁신 기업이 많아서 매출 규모가 큰 건데, 더 흥미로운 건 판교가 계속해서 확장하고 있다는 것이다.

흔히 말하는 판교는 '제1밸리'를 의미한다. 이미 이곳에서만 연 매출 80조 원 가까이를 만들어낸다. 그런데 앞으로 2023년까지 제2, 제3 테크노밸리가 들어선다. 그러면 기존 7만 명 근로자가 10만 명으로 늘어나고, 판교에서 만들어내는 매출액도 더욱 증가할 것이다. 단순히 계산해도 100조 원에 육박할 텐데, 이는 곧 양질의 일자리가 계속해서 쏟아진다는 얘기다.

당신이 이곳 판교에서 근무한다면 거주지를 어디에서 찾겠는가?

신분당선 수지구청역을 이용하면 판교까지 11분 정도가 소요된다. 이 정도면 놀라운 접근성 아닌가? 쉽게 말해 내가 서울에서 사는데 직장이 강남이고 지하철로 10분 정도가 걸리는 거리에서 산다고 생각해보자. 이게 모든 걸 해결해주진 않겠지만 적어도 출퇴근에 따른 스트레스는 상당히 줄어들 것이다.

이렇듯 아이 학군에 이어 직주근접을 따져봐도 새로운 곳인 용인 수지로 가는 것이 더 유리하다는 판단이 들었다.

그 외 고려해야 할 것들

아이 학군과 직장을 생각하니 굳이 서울 북부 지역에 남아 있을 필요가 없다는 결론이 나왔다. 처음 살게 되는 지역이라 걱정이 되긴 하지만 새로운 곳으로 이사하는 게 낫다고 판단했다.

그러면 무엇을 더 살펴봐야 할까? 첫 번째 집을 구할 때 본 것처럼 우리 부부, 특히 아내는 녹지가 많은 곳을 선호한다. 상업시설이나 편의시설이 잘 갖춰진 곳보다는 자연과 가까운 환경에서 지내는 걸 좋아한다. 아이 키우기에도 이게 더 낫겠다는 판단을 내렸다.

물론 이건 나만의 기준이다. 사람마다 처한 환경이 다르고 기준점이 다르므로 모두가 똑같이 맞출 필요는 없다. 자신만의 기준을 갖되, 나중을 생각해서(예를 들면 집을 파는 경우) 다른 사람들도 좋아할 만한 기준을 고려하는 것이 유리할 것이다. 어차피 사람들 보는 눈은 비슷하니까 말이다.

지금까지의 내용을 정리해보자. 당시 우리 부부가 함께 고민한 내 집 마련 기준은 다음과 같았다.

- 자녀 교육에 유리한 곳으로 이동한다. 단, 지나친 입시 위주보다는 적당한 수준(중상위 정도)이면 충분하다. → 수지 학군 정도면 적당하다. 나머지는 우리 부부가 원하는 기준을 충족할 수 있도록 그때그때 대응하기로 했다.

- 직장에서 가까워야 한다. 집에서 나와 회사 정문까지 30분 내외로 이동할 수 있는 곳이면 최상이다. → 신분당선 수지구청역에서 판교까지 11분, 이 정도면 훌륭하다.

- 주변 녹지가 많으면 좋겠다. 이는 아내가 특히 선호하는 점이기도 하고, 자연친화적인 환경에서 아이를 키우고 싶은 우리 부부의 생각을 반영한 것이다. → 용인은 서울에 비하면 이런 면에서 훨씬 유리하다(인근에 에버랜드와 한국민속촌도 있다).

- 서울 강남과의 접근성이 용이하면 좋겠다. 직장 외에 다른 업무를 보거나 사람들과의 교류 등을 생각하면, 강남까지 가는 시간이 오래 걸리지 않아야 한다. → 신분당선을 타면 수지구청역에서 26분이면 도착한다. 충분히 가깝다는 생각이 들었다.

- 지방 임장도 고려해야 한다. → 서울 북부 지역에서 차를 타고 빠져나오는 것보다 경기도 용인에서 밑으로 내려가는 것이 훨씬 빠르다. 여기에 인근 동탄역을 이용하면 SRT(고속철도)도 이용할 수 있으므로 지방까지 이동하기가 편리하다.

- 예산은 대출 포함 5억 원 이하, 가능한 한 4억 원 중반으로 한다. → 사람의 욕심은 끝이 없다. 누구나 신축 아파트에 들어가서 살

고 싶어 하지만 여건이 따라주지 않을 수 있다. 나 역시 이 정도 수준이 내게는 맞는다고 판단했다. 또한 무리한 매수로 너무 많은 돈을 내 집에 깔고 앉고 싶지는 않았다.

- 무엇보다 내가 살고 싶은 집이어야 한다. 상황이 여의치 않으면 내가 들어가 살아야 하기 때문이다. → 이런 이유로 주거용이 일반 업무용보다 투자하기가 상대적으로 쉽다고 생각한다.
- 남들도 원하는 집이어야 한다. → 급할 때 팔거나 세를 주기가 쉽다.
- 이왕이면 푸르지오, 래미안 등 브랜드 아파트면 좋겠다. → 아파트 브랜드가 주택 구매 시 필수 요건은 아니지만, 추후에 매도할 때 일반 아파트보다 유리하다. 그러나 브랜드보다 우선해야 할 사항은 입지라는 것을 잊지 말자.

우리 부부가 첫 번째 집을 마련하던 때의 기준은 크게 세 가지였다. 독자들도 기억하겠지만 첫째 3억 원 내외의 예산, 둘째 교통(지하철역 인근), 셋째 주변 자연환경과 녹지였다. 그때에 비하면 기준이 훨씬 더 디테일해지고 구체화됐다고 생각한다. 그만큼 경험이 중요하다는 의미다.

'나만의 기준'을 세우는 것은 내 집을 마련할 때 매우 중요하다. 그래야 주변에 휘둘리지 않고 자기 마음에 맞는 집을 구할 수 있다.

기준은 세워졌다. 이제 내가 원하는 집을 찾기 위해 다시 부동산 사무실을 향해야 한다.

그런데 이때도 '요령'이 있다. 내가 원하는 모든 기준을 충족시킬 수는 없기에 선별적으로 아파트를 골라야 한다는 것이다.

한 푼이라도
집을 싸게 사는 비결

대접받는 시기에 부동산을 방문하라

'호랑이를 잡으려면 호랑이 굴에 가야 한다'는 속담이 있다. 이걸 내 집 마련에 빗대어 보면 '원하는 집을 잡으려면 현장과 부동산 사무실에 반드시 가야 한다'로 바꿀 수 있을 것이다.

그런데 부동산 사무실에 갈 때 더 유리한 시점이 있다면 믿겠는가?

특별한 건 아니지만, 의외로 많은 사람이 간과하는 사실이 있다. 예를 들어 백화점이나 마트 세일 기간을 생각해보자. 세일을 해서 좋은 제품을 저렴하게 판다면 누구라도 그 기간에 가서 물건을 사려고 할 것이다. 하지만 사람들 생각이 비슷하기에 그 기간에 겪을 불편도 감수해야 한다. 주차하기도 힘들뿐더러 원하는 물건은 금방 소진되고, 사람이 워낙 많아서 쾌적하게 쇼핑하기도 어렵다.

부동산 역시 비슷하다. 누구나 '지금이 내 집을 마련하기에 좋은 시기다'라고 생각할 때는 사람들이 몰리게 마련이다. 따라서 이 시기에 원하는 집을 구하려면 치열하게 경쟁해야 한다. 그만큼 좋은 집을 구할 확률도 낮아진다. 더욱이 이때는 매도자가 매수자보다 우월한 위치를 점하고 있기도 하다. 이를 '매도자 우위 시장'이라고 하는데, 집을 처음 사거나 부동산 시장의 메커니즘을 잘 모르는 사람들이 매도자 우위 시장에서 집을 마련하는 경향이 있다. 세일 기간에 수많은 인파 속에서 원하는 물건을 차지하기 위해 이리 뛰고 저리 뛰는 모습이라고나 할까.

이에 반해 사람들이 잘 찾지 않는 시기가 있는데, 이럴 때 부동산 사무실에 방문하면 여러 이점을 누릴 수 있다. 사람들이 부동산에 크게 관심을 두지 않으며 매도자는 물건을 내놨지만 잘 팔리지 않는 시기, 이럴 때는 매수자가 '왕'이다. 즉, '매수자 우위 시장' 상황으로, 집을 살 생각이라면 이때 움직이는 것이 좋다.

그렇다면 그때가 언제일까?

부동산 경기라는 큰 흐름에서 본다면 침체기가 이에 해당한다. 하지만 이게 말처럼 쉬운 일이 아니다. 집값이 계속해서 떨어지고 있고 앞으로 더 떨어질 것 같은데, 이 상황에서 집을 산다? 누구라도 선뜻 나서지 못할 것이다. 내가 말하는 건 이런 시기가 아니라 일상에서 쉽게 실천할 수 있는 '작지만 실용적인 팁'이다. 두 가지만 기억하면 된다.

첫째, 사람들과 반대로 움직이는 것이 좋다.

일반적으로 사람들은 이사를 하더라도 설이나 추석 같은 명절이 지나고 움직이는 경향이 강하다. 즉 명절 전에는 집을 보러 다니는 경우가 별로 없다는 얘기다. 따라서 이때 움직이면 의외로 괜찮은 물건을 구할 수 있다.

이런 관점에서 본다면 언제가 유리할까? 추석 명절 전인 한여름(7~8월), 설 명절 전인 한겨울(12~1월)이 좋다. 그러나 학군 수요가 높은 곳은 한겨울에도 부동산이 문전성시인 곳도 있어 한여름에 움직이는 것이 가장 유리하다.

둘째, 부동산 거래 과정을 이해하는 것이 좋다.

당신이 부동산 사무실을 운영하는 중개사라고 가정하자. 가장 중요한 건 부동산 물건을 '거래'하는 것이다. 고객에게 맞는 최선의 물건을 중개하는 것이 주된 목적이겠지만, 현실은 다를 수 있다. 예컨대 그다지 선호되지 않는 물건이지만(예를 들어 1층 또는 탑층 등) 매도자 사정이 급해서 어떻게든 거래를 성사시켜야 한다든지 하는 상황 말이다.

실제 모두가 그런 것은 아니지만, 부동산 사장님과 대화를 나눠보면 대부분은 가격이 낮은 물건부터 거래를 시키려는 경향이 강하다. 업계에서 쓰는 표현으로는 '순서대로 물건을 뺀다'라고 하는데, 매수자들이 그만큼 가격에 민감하게 반응하기 때문일 것이다. 하지만 이때 최대한 많은 물건을 보는 것이 중요하다. 가격만 보고 덥석 계약했는데 나중에 보니 원하는 집이 아니었다면 정말 낭패가 아닐 수 없다.

지금까지의 내용을 정리해보면 부동산 사무실에 방문해야 할 시기와 요령이 뚜렷이 드러난다.

- 되도록 남들이 잘 움직이지 않는 한여름 또는 한겨울에 움직인다 (설이나 추석 같은 명절 직전 또는 직후도 유리하다).
- 부동산에서 먼저 보여주는 물건은 그동안 잘 팔리지 않았거나 사정이 있는 경우일 수 있으므로 필요시 적절하게 활용한다.
- 마음에 들지 않는 조건인데 가격만 보고 매수하는 잘못(예를 들어 자신은 고층을 원하는데 싸다는 이유로 1층 또는 저층을 매수하는 경우 등)은 저지르지 않는다.
- 꼭 한 군데에 집착하지 말고 필요시에는 다른 부동산 사무실을 통해서라도 원하는 물건을 찾는다.

이상의 내용을 바탕으로, 2017년 한겨울에 나는 아내와 함께 용인 수지를 방문했다.

두 번 보고 바로 계약한 집

누구나 그렇지만 연초에는 시작에 대한 설렘으로 가득하다. 새로운 일을 하기도 하고 그동안 계획했던 일들도 있기에 보통은 분주하기 마련이다. 그런데 우리 부부는 집을 알아봐야 한다는 생각에 어떻게든 짬을 내고자 노력했다.

마침 2017년 설 연휴가 1월 하순에 있어서 우리는 이때를 '디데이'로 잡고 명절 연휴가 끝난 직후에 부동산 사무실을 찾았다.

예상대로 사무실은 한적했다. 그 덕분에 우리는 가는 곳마다 '환영'을 받았다. 아마도 부동산에서는 설 연휴 직후에 집을 보러 오는 사람은 없을 거라고 생각했을 것이다. 그런데 부부가 함께 와서 집을 보니 '실제 집을 사려는 사람들이구나'라고 생각하고 적극 응대한 것으로 보인다. 부동산 사무실에 와서 간단히 시세 조사만 하고 가는 사람들도 많기 때문에 실구매자라는 느낌을 주면 더 많은 정보를 얻는 데 유리하다.

우리 부부는 앞서 살펴봤던 주요 학군 인근 아파트 중에서 관심 있는 곳들을 하나씩 살펴보기 시작했다. 우선 큰 틀에서는 신분당선을 이용해야 했기에 이현중, 정평중, 홍천중 주변을 먼저 봤다.

그중에서도 이왕이면 역에서 가까운 아파트를 우선순위로 했다. 특히 역에서 가까운 위치를 선호하는 건 우리 부부뿐만 아니라 출퇴근을 해야 하는 일반 직장인들에게는 매우 중요한 요소다. 계속해서 강조하지만 부동산 거래는 결국 사람이 하는 것이기에 사람들의 생각을 잘 읽는 것이 무척 중요하다.

부동산에 들러 아파트를 하나씩 보니 '여기는 이건 좋은데 이건 조금 아쉽네' 하면서 각각이 비교되기 시작했다. 그러던 중에 우리 부부의 마음을 한 번에 사로잡은 단지가 나타났다.

이 단지는 무엇보다 조경이 뛰어나고 나무가 많아서 마음에 들었다. 게다가 앞에는 강도 있으니 전형적인 '배산임수'였다. 그뿐만이 아니다. 단지 안에 학교가 있어서 아이가 학교에 가는 길이 안전하겠다는 생각이 들었다. 또한 출퇴근과 관련하여 신분당선을 이용하기에 거리가 아주 가까운 건 아니었지만, 이 정도면 충분하다고 생각됐다. 때에 따라선 분당선도 이용할 수 있으니 그것도 만족했다. 더구나 예산까지 가용 범위 안에 들어왔기에 해볼 만했다.

한마디로, 우리 부부가 세운 기준을 대부분 충족했기에 크게 고민이 되지 않았다. 오히려 '드디어 내가 찾던 보물을 찾았구나' 하는 느낌이 들었다.

우리의 기준에는 100퍼센트 부합하지 않지만, 그 단지를 처음 봤을 때의 '느낌'이 너무나 좋았다는 점이 사실은 가장 결정적이었다. 이건 글로는 설명하기는 어렵다. 다양한 물건을 보다 보면 자연스럽게 조금씩 갖추게 되는 안목이라고 생각한다. 일종의 '물건을 바라보는 인사이트'라고도 할 수 있겠다.

2017년 1월의 마지막 날 그 집을 한 번 방문한 뒤 며칠 후 다시 물건을 보고는 마음을 결정했다.

"사장님, 계약하시죠. 매도인 계좌 주세요."

"좋은 선택을 하셨습니다."

부동산중개소 사장님도 내 결정을 반겨주셨다.

다소 빠른 결정이라고 생각할 수 있겠지만 사전에 명확한 기준이 있었기에, 단 두 번의 방문만에 매수 결정을 내릴 수 있었다.

급변하는 학군 지도와
2020 부동산 전망

#2025년 #부동산과학군 #자사고특목고폐지

#학군인기지역 #강남8학군의부활?

'자사고·특목고 폐지' 2025년부터 바뀌는 학군 지도

자녀가 있고 학군에 관심 있는 사람이라면 최근 놀라운 뉴스가 나왔다. 바로 자사고·특목고 폐지 소식이다. 2019년 11월 정부는 고교 서열화를 없앤다는 취지로 전국의 자사고, 외고, 국제고 등 총 79곳을 오는 2025년부터 모두 일반고로 전환하겠다고 발표했다. 이에 대해 찬반 여론이 갈린다. 교육 전반의 불공정이 해소되고 공교육이 정상화될 것이라는 의견이 있는가 하면, 오히려 고교 교육을 하향 평준화하고 강남8학군이 부활할 것이라는 반대 의견도 만만치 않다. 이에 대해 정부 정책이 옳다 그르다는 큰 의미가 없다. 그보다는 어떻게 하면 이런 변화를 본인 상황에 맞게 잘 활용할 수 있는지 고민하는 것이 더 낫지 않을까?

현재 대한민국 교육 지도는 '어디에서 특정 대학을 많이 보내느냐'로 결론짓는 경향이 심하며 그중에서도 중학교 학군이 가장 중요하다. 본문에 학원가가 밀집된 곳이 인기 지역이라고 밝혔는데, 그 이유는 현재의 입시제도가 워낙 복잡하기에 공교육과 학부모의 정보력만으로는 풀어나가기가 어렵기 때문이다. 대표적인 선호 지역으로 서울은 대치동, 목동, 광장동, 중계동이 있으며 수도권으로 가면 분당, 평촌, 수지, 일산이 있다. 그런데 이들 지역의 전셋값 오름세가 심상치 않다.

정부의 자사고·특목고 폐지 소식이 나온 2019년 11월 이후 이들 지역의 전셋값은 꾸준하게 상승하고 있다. KB부동산에 따르면 2019년 12월 9일 기준 서울 아파트 전셋값은 전주 대비 0.08퍼센트 올랐다. 그중 양천구가 0.31퍼센트, 강남구가 0.26퍼센트 상승했는데 겨울 학기 이주를 위한 수요 증가가 주된 이유라고 분석했다.

앞으로는 어디가 좋은 학군이 될까?

향후 인기 학군을 예측하는 건 쉽지 않다. 특정 지역을 언급하며 몇 군데 지역에 대해 함부로 좋다 나쁘다 비교하는 것은 늘 조심스럽기 때문이다. 하지만 개인적인 생각임을 전제로 이야기하자면, 지금의 인기 학군 지역은 앞으로도 '상당 기간' 변하지 않을 가능성이 크다. 앞서 선호도 높은 학군의 몇 가지 조건을 언급했는데 사실 이는 우리 사회 전반의 인식, 문화 등이 종합적으로 반영되어 나온 총체적 결과이기에 어느 한두 가지를 변화시킨다고 해서 바뀌리라는 생각은 들지 않기 때문이다.

또 하나, 언급한 '문화적인 측면'뿐만 아니라 '인프라적인 측면'에서도 현재 인기 지역들은 학원가가 밀집됐다는 공통점이 있다. 학원은 특정 지역에 한두 개가 있으면 잘 운영되지 않는다. 서로 모여 있을수록 시너지가 나는데, 이는 상당히 오랜 시간 자원이 투입되어야 가능한 일이다. 그런데 이런 인프라가 한순간에 바뀔 수 있을까? 쉽지 않으리라는 것이 내 생각이다.

자신만의 '좋은 학군'을 찾아라!

그렇다면 어떻게 대처해야 할까? 먼저 부동산 측면에서 보면 자사고·특목고 폐지, 분양가 상한제, 대출 규제, 보유세 강화 등으로 시장에 매물이 나오기가 무척 힘들어졌다. 현재 내 집을 마련하고자 알아보는 단계에서 전세로 임차하기를 원한다면, 이 전세를 누가 공급하는지를 늘 생각하길 바란다. 바로 민간, 즉 다주택자들이다.

그런데 현재 다주택자들에 대한 정부의 연이은 규제로 이들이 전세를 내놓기는 무척 힘들어졌다. 그렇다고 매매가 활발한 것도 아니다. 이들이 보유한 물건을 팔아야 시중에 매매 물건이 나오는데, 이 역시 양도세 중과(일반적인 양도세보다 세 부담이 무척 큰 경우를 말한다. 예를 들어 집값이 1억 올랐을 때 일반적인 양도세는 1,500만 원 정도라면 양도세 중과인 경우 4,000만 원 가까이 될 수 있다) 조치로 생각만큼 매도 물건이 나오지 않는다. 이런 상황에서 인기 학군 지역으로 이사하려고 한다면 2년마다 급겨히 뛰어오르는 전세금을 감당할 각오가 되어 있어야 한다.

이번에는 조금 더 거시적인 측면을 보자. 현재 대한민국 출산율은 2019년 기준 0.98명으로 OECD 국가 중에서도 최하위 수준이다. 이 말은 매년 대학입시를 치르는 아이들이 현저하게 줄어든다는 것을 의미하며, 장기적으로는 입시에 대한 패러다임이 크게 바뀔 수 있음을 뜻한다.

그뿐만이 아니다. 4차 산업혁명으로 대변되는 기술의 발달과 산업 변화를 보면 기존의 주입식 교육에서 창의적이고 문제해결력을 중심으로 교육받은 아이들이 미래 사회에서 더욱 경쟁력이 있을 것이다.

이처럼 앞으로는 교육 역시 양극화가 무척 심해질 것이다. 아이들 수는 줄어들고 산업은 급격히 변화하는 가운데, 부모들은 많지 않은 자녀에게 더욱 양질의 교육을 해주길 원할 것이다. 그 결과 기존의 학군 인기 지역 중에서도 경제력이 뒷받침되는 곳, 즉 양질의 일자리와 가까운 곳은 사람들의 선호도가 더욱 높아질 것이며 그와 반대되는 지역은 변화하는 환경을 따라잡기 힘들어질 것이다.

따라서 다른 사람들이 선호하는 인기 학군 지역 인근에 주거지를 갖추는 것이 유리하다. 꼭 학군 때문이 아니더라도 일종의 헤징hedging 개념으로 접근한다면 적어도 손해는 보지 않을 수 있다는 얘기다. 여기에 무주택자라면, 학군 선호 지역은 겨울에 이주 수요가 많으므로 이때를 기회로 전세금을 활용하여 내 집을 마련해두는 것도 좋은 방법임을 기억하자.

제 5 장

내 집 마련과 투자,
두 마리 토끼 잡는 법

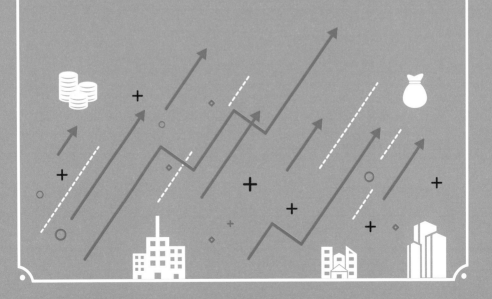

당신이 사는 곳에
기회가 있다

신분당선의 파급효과

서울에서 용인으로 내려오고 많은 변화가 있었다. 다행히 그 변화의 대부분은 우리 가족에게 이로운 것이었고 삶의 질 역시 크게 향상됐다. 무엇보다 큰 변화는 '통근 시간 단축'이었다. 기존에는 왕복 4시간을 길에서 보냈는데 이제는 집에서 회사까지 1시간 반도 걸리지 않게 됐다. 간단히 비교해봐도 하루에 2시간 반은 번 셈이다. 그렇게 생긴 여유 시간의 반은 부동산 투자에, 반은 가족에게 쓸 수 있었다.

이런 면에서 신분당선의 파급효과는 매우 크다. 수지구청역(주거지)

에서 판교역(직장)까지 11분이면 갈 수 있다. 게다가 판교는 점점 일자리가 많아질 것이다.

앞서도 강조했지만, 이때 회사에서 집까지 실제 거리가 얼마나 되는지는 중요하지 않다. 물론 그만큼 교통비는 추가로 발생할 수 있다. 그러나 '시간을 산다'라는 개념으로 접근하니 나는 오히려 좋았다. 인생에서 가장 중요한 자원은 '시간'이라는 것을 계속해서 느끼기 때문이다.

오른쪽 지도는 국토교통부에서 발행한 신분당선 노선도인데, 가끔은 이렇게 지도에 표시된 노선도를 보는 것도 필요하다. 그래야 거리에 따른 도달 시간이 얼마나 되는지 체감할 수 있기 때문이다.

지도에서 보이는 것처럼 신분당선은 조만간 위로는 용산, 밑으로는 호매실까지 연장될 계획이다. 이 외에 용산에서 은평뉴타운과 삼송까지 이어지는 '서북부 연장안' 역시 예비타당성 조사 대상에 선정됐다. 아직 확정된 것은 아니지만 이 안이 통과된다면 사업 추진에 탄력이 붙는 것은 물론, 서울 서북부 일대에도 큰 변화가 있을 것으로 예상된다.

물론 이런 호재는 그 자체를 보는 것보다 얼마나 잘 추진될지 '실현 가능성'을 보는 것이 더 중요하다. 계속해서 관심을 갖되 섣불리 투자를 결정하지는 말아야 한다. 막연히 '되겠지' 하는 생각으로 의사 결정을 한다면 생각보다 긴 시간 동안 자금이 묶일 수 있으며, 그만큼 기회비용을 놓치게 되므로 주의해야 한다.

신분당선 노선도(2018년 4월 기준)

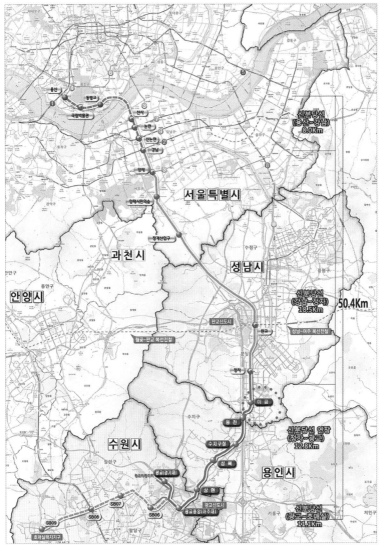

출처: 국토교통부

하지만 이를 역으로 생각해보면, '내 집 마련'이야말로 이런 호재나 개발 가능성에 느긋하게 대응할 수 있는 매우 좋은 기회가 된다.

보통 한번 거처를 마련하면 5년 이상 장기적으로 접근하는 것이 일반적이다. 예를 들어 자녀가 초등학교에 입학하게 되면 6년, 중학교까지 고려한다면 3년, 총 9년 정도는 한곳에 거주해야 하므로 일단 의사결정을 한 뒤 호재나 개발 가능성 등을 천천히 기다려도 좋을 것이다.

그런 면에서 봤을 때 근무지가 판교였던 나는 서울 북부 지역에 남아 있는 것이 더는 크게 의미가 없다고 생각했다. 신분당선으로 최대한 빨리 내려오는 것이 좋겠다고 판단했다. 당시 머릿속으로 그렸던 구체적인 계획은 다음과 같다.

- 왕복 4시간을 1시간 반으로 줄여 추가로 2시간 반을 확보하자.
- 그 2시간 반을 가족에게 할애하거나 생산적인 일(집필, 투자 공부 등)에 활용하자.
- 광교~호매실 구간 신분당선 연장이 2023년에 예정되어 있고, 계속해서 연장 가능성이 있으니 최소한 손해는 보지 않을 것이다. 투자의 리스크가 적다.
- 이왕 옮기기로 한 이상 하루라도 빨리 옮기자.

내 집 마련을 하면서 가장 중요한 것 하나만 고르라고 한다면 주저

없이 '즉시 실천'을 꼽을 것이다. 또한 지나치게 꼼꼼하기보다는 적당한 선에서 판단하는 것도 중요한데, 이를 숫자로 표현한다면 60~70퍼센트라고 할 수 있다.

즉, 내 집 마련에서 100퍼센트 만족하는 집을 찾는 것은 있을 수 없다는 얘기다. 80퍼센트나 90퍼센트까지 완성도를 높이는 데 힘쓰기보다는 적당한 선에서 의사결정을 해야 한다. 그래야 정확한 타이밍에 맞춰 좋은 가격에 집을 마련할 수 있다.

투자 기회와 안락함이 공존하는 곳

그렇게 우리 가족은 이사를 했고 나는 예상대로 이동에 따른 체력 저하도 크게 줄었다.

더불어 주거 환경도 개선됐는데, 비록 연식은 오래됐지만 관리가 잘된 단지라 지내기에 쾌적했다. 아파트가 10년이 넘어가면 선호도가 떨어지는 것이 보통이고 나 역시 그랬다. 하지만 직접 살아보니 '이 정도면 나쁘지 않다'는 생각을 하게 됐다. 책장 있는 거실로 집을 꾸미고 싶다는 소원도 이사를 하면서 이루게 됐다.

그뿐만이 아니다. 용인 수지는 신도시지만, 주변 인프라는 서울 중랑구에 못지않았다. 더군다나 주변에 산책할 수 있는 공원도 많아 주거 환경이 너무나 쾌적했다. 아이와 즐겁게 놀 수 있는 터전이 풍부하게 조성되어 있었다.

거주지를 하나 옮긴 것뿐인데 모든 것이 좋아졌다. 무엇보다 '꼭 서울에 있어야 해'라는 고정관념을 깰 수 있게 된 점이 가장 큰 소득이다. 살아가면서 유연한 생각이 얼마나 중요한지, 내 집 마련을 통해 다시 한번 깨닫게 됐다.

오를 집이 보이기 시작했다

살아보니 참 좋았다. 회사 일도 잘되고 투자와 집필 활동 등 그 밖의 계획도 순조롭게 풀렸다. 아이도 인근 어린이집에 다니면서 친구들을 사귀게 됐으며 아내도 원래 하던 일을 다시 시작했다. 그렇게 이사를 오고 나서 몇 개월은 이 '기쁨'을 충분히 만끽하고 지내는 데 집중했다.

그러다가 불현듯 이런 생각이 떠올랐다.

'내가 이렇게 살기 좋다면, 다른 사람도 마찬가지 아닐까?'

'이 지역은 시간이 지날수록 더 좋아지지 않을까?'

그렇다. 부동산은 실제 살아보면서 느끼는 게 가장 정확하다. 서울에서 살던 때는 용인에 대해 잘 몰랐지만 실제 살아보니 꽤 괜찮다는 생각이 들었고, 더 나아가 내가 이렇게 좋으니 다른 사람도 비슷할 거라는 생각이 든 것이다.

다시 말해 이 지역(용인 수지)에 대한 수요가 앞으로도 계속 있을 것으로 판단했다는 의미다. 저평가된 물건을 미리 사두면 앞으로 일정 수준은 차익을 볼 수 있으리라.

이쯤에서 한 가지 말하고 싶은 것이 있다. 많은 사람의 오해 중 하나가 부동산은 머리가 좋거나, 데이터를 잘 보거나, 아니면 뭔가 특별한 재능이 있는 사람들이 잘한다는 것이다. 하지만 나는 생각이 다르다. 물론 남들과 다른 방식으로 해서 더 큰 수익을 낼 수도 있겠지만, 보통 사람이 상식적인 수준에서 생각하는 것도 매우 중요하다.

방금 말했듯이, 실제 살아보면서 충분히 만족한다면 남들도 그렇게 생각할 가능성이 크다는 걸 인지하는 수준이면 된다(물론 본인의 취향이 아주 독특하다면 문제가 되기도 한다). 따라서 부동산은 실생활과 연계지어 생각하는 것이 무엇보다 중요하다.

다시 돌아와서, 적어도 판교가 직장인 사람들에게 용인 수지는 꽤 매력적인 거주지가 될 수 있을 것 같았다. 그래서 '인근에 하나를 더 사둘까?' 하는 생각이 들었다. 본격적으로 수지는 물론이고 죽전까지 두 곳을 살펴보기로 했다.

- 수지에 하나 더 투자할까?
- 아니면 죽전에 투자할까?

죽전을 살펴본 이유는 2018년 4월에 개통 예정이었던 미금역 때문이다. 죽전은 과거 '버블 세븐' 지역 중 하나로 언급될 정도로 선호

신분당선 미금역 근처의 주거지

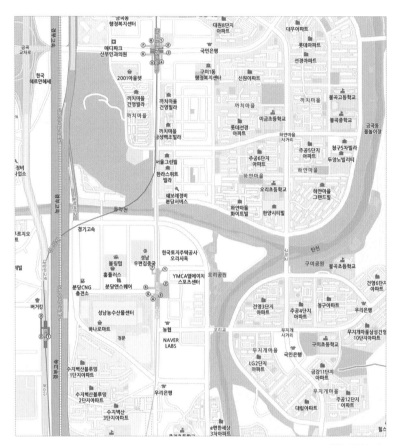

출처: 네이버 지도

도가 높은 지역이었는데, 2008년 금융위기 이후 집값이 하락한 뒤 가격을 회복하지 못하고 있다.

하지만 수지에 살면서 인근에 있는 죽전의 교육 및 자연환경 등을 살펴보니 '이런 이유로 사람들이 이곳을 선호하는구나'를 실감할 수 있었다.

이를 조금 더 구체적으로 살펴보기 위해, 아이 학원 중 하나를 죽전에 있는 곳으로 등록한 적이 있다. 그러면서 자연스럽게 주변도 살피고 실제 교육 서비스를 체험하게 됐는데, 만족도가 무척 높았다. 죽전의 학군은 근처의 수지, 분당 등과 비교되지만 신촌중학교를 중심으로 좋은 학교가 포진돼 있다.

특히 죽현마을아이파크1차 아파트는 신촌중학교 배정 지역이어서 학부모들의 선호도가 높다. 이 외에도 학원가, 교습소 등이 많아 면학 분위기도 형성돼 있다.

다만 한 가지 아쉬운 점이 있다면 바로 '강남 접근성'이었다. 죽전 거주 만족도는 상당히 높았으나, 막상 강남을 가려면 신분당선까지 나오거나 광역 버스를 이용해야 했기 때문이다. 물론 분당선이 있긴 하나 죽전역에서 선릉역까지 42분 정도가 걸리고, 수서 인근을 우회해서 운행하니 다소 아쉬웠다.

이런 상황인지라 미금역이 개통되면 강남 접근성이 좋아지고, 그에 따라 자연스레 수요가 늘어나지 않을까 하고 생각하게 됐다.

그렇게 2017년 하반기에는 아이를 학원에 데려다주면서 죽전역 인근을 계속해서 살펴봤다. 하지만 정작 투자는 하지 못했다. 투자금이 부족했기 때문이다. 이사를 오면서 가용 자금을 거의 다 소진했

분당선 죽전역 근처의 죽현마을아이파크1차 아파트

출처: 네이버 지도

고 다시 저축 등으로 종잣돈을 모으기에는 1년도 채 지나지 않은 짧은 시기였다. 비록 투자는 못 했지만 당시 생각은 어느 정도 적중한 것으로 판단된다.

보정동에 있는 '죽현마을아이파크1차 아파트'를 보면 이를 잘 알 수 있다. 죽전역에서 가깝고 인근 편의시설도 풍부하며, 신촌중학교 인근이라 학군 수요도 꽤 높다.

그렇다면 실제 이 아파트 가격은 어떻게 변했을까?

죽현마을아이파크1차 아파트의 2017년 12월 매매가와 전세가

(단위: 만 원)

기준월	매매가			전세가			월세가	
	하위 평균가	일반 평균가	상위 평균가	하위 평균가	일반 평균가	상위 평균가	보증금	월세
2017.12	42,750	47,250	51,000	39,000	41,500	43,000	5,000	113 ~130

출처: KB부동산 리브온

죽현마을아이파크1차 아파트의 2019년 11월 매매가와 전세가

(단위: 만 원)

기준월	매매가			전세가			월세가	
	하위 평균가	일반 평균가	상위 평균가	하위 평균가	일반 평균가	상위 평균가	보증금	월세
2019.11	52,000	54,500	57,000	40,000	41,500	42,500	5,000	113 ~130

출처: KB부동산 리브온

KB시세를 기준으로 살펴보면, 2017년 12월 기준 매매가 평균 4억 7,250만 원에서 2019년 11월 기준 5억 4,500만 원으로 약 15.3퍼센트 상승을 보였다.

매매가 상승률 = {(54,500 − 47,250) / 47,250} × 100 = 15.3퍼센트

내가 예상했던 시나리오가 딱 들어맞았다. 2018년 4월 미금역 개

통을 기준으로 집값이 상승하기 시작해 2년 만에 15퍼센트가 상승한 것이다.

하지만 이는 지금 와서 결과적으로 보니 예측이 맞았다고 생각되는 것이고, 당시는 투자금이 없어서 한 채를 더 살 수가 없었다.

그렇다면 지난번처럼 투자금 마련을 위해 또 살던 집을 세를 주고 월세로 가야 할까? 고민은 깊어져 갔다.

내 집 마련과
부동산 시세차익을 한 번에

돈은 없지만 투자는 계속하고 싶어

투자금이 없을 때 사는 집을 내주고 월세로 들어가는 방법이 있다는 건 앞서 살펴봤다. 이번에도 같은 방법으로 해야 할까? 물론 그 방법도 가능했지만 그렇게 하지 않았다.

첫 번째는 '고생을 또 하기 싫다'는 솔직한 마음 때문이었고, 두 번째는 이제 막 이사를 온 터라 전셋값이 이전만큼 오르지 않았기에 투자금이 나오지 않아서였다.

그렇다고 가만히 있긴 싫었다. 그럼 어떻게 해야 할까?

이럴 때는 역시 천천히 생각해봐야 한다. 우리 가족이 서울에서 용인으로 내려온 가장 큰 이유는 '삶의 질과 자녀 교육' 때문이었다. 그 결과는 '아주 만족'이다.

그런데 투자금을 위해서 가격이 더 낮은 지역(예를 들어 판교에서 수지보다 더 멀리 떨어진 지역)으로 옮긴다면 이 만족도가 유지될까? 그렇진 않을 것이다. 설령 투자금이 확보되어 또 다른 곳에 씨앗을 뿌릴 수는 있겠지만, 이제는 삶의 질과 교육에도 신경을 써야 하는 '정착기'가 왔다고 판단했다.

그렇다고 손 놓고 있을 수는 없었다. 계속해서 자산을 불려야겠다는 생각밖에 없었다. 동시에 지금 살고 있는 곳의 환경을 계속 누리고 싶었다. 그렇다면 어떻게 해야 할까?

지금 사는 인프라는 그대로 누리면서 미래 가치에 따른 시세차익을 얻는 방법은 없을까?

무엇보다 현재 살고 있는 곳의 인프라 중 어떤 것에 가장 만족하는지부터 살펴봐야 했다. 달리 말하면 서울에서 용인으로 이사 왔을 때의 목적이 무엇인가 하는 것이다.

첫 번째는 직주근접이다. 직장에서 너무 멀면 안 된다. 두 번째는 학군이다. 이제 곧 아이가 학교에 가야 하기에 이 부분은 쉽게 바꿀 수 없다. 그 외에도 몇 가지 자잘한 목적이 있었지만 당초 이사한 목적 중 이 두 가지가 가장 컸기에 이 둘을 그대로 누릴 수만 있다면 집은 바꿔도 된다고 생각했다.

그러면 어디로 가야 할까? 내가 있는 단지는 30평대 중형부터 80평형대 대형까지 있는 단지인데 2018년 초에는 이미 신분당선 수지구청역 주변 중소형 아파트부터 가격이 오르기 시작했다. 그 흐름은 주변으로 서서히 퍼져나가기 시작했으며 30평형 가격도 조금씩 오르던 차였다. 가만히 살펴보니 가격은 아래와 같은 기준으로 상승해갔다.

- 가격 상승의 흐름은 역 주변 소형 아파트부터 시작해서 퍼져나간다.
- 대장 아파트, 즉 대표 단지가 가격 상승을 주도한다.
- 시간이 지날수록 구석구석 가격 상승 흐름이 반영된다.

이런 흐름은 데이터를 통해서도 알 수 있지만 상식적인 차원에서 생각해도 충분하다. 우선 사람들은 직장까지 어떻게 빨리 가느냐가 중요하기에 지하철역 주변을 먼저 보는 경향이 강하다. 그 지역이 내가 모르는 새로운 곳이라면 더욱 그렇다.

따라서 새로 이사를 오거나, 다른 지역에 투자하는 투자자들 역시 처음에는 지하철역 주변을 보는 경우가 대부분이다. 그렇게 해서 역 주변 중소형 아파트가 소진되면 흐름이 주변으로 퍼져나간다. 물론 그 흐름이 순차적일 수도 있고 동시다발적일 수도 있기에 확산 속도는 상황에 따라 달라진다.

2018년 초부터 용인 수지 지역에 내가 보유한 30평형의 가격이 슬

역주변 소형 아파트부터 가격 상승의 여력 증가

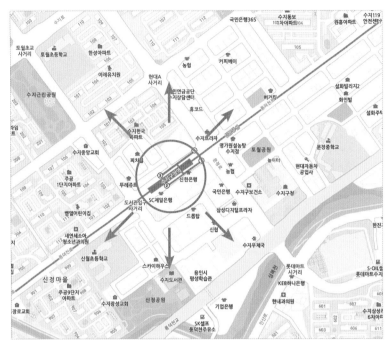

출처: 네이버 지도

슬 오르기 시작했다. 평당 1,300만 원대였던 가격이(4.5억/34평) 어느 새 1,400만 원대에서 1,500만 원대까지 오르고 있었다. 평당 200만 원이 오르면 30평대 아파트의 경우 6,000만 원 정도가 오른 셈인데 (200만 원×30평), 이렇게 집값이 오른 게 나에게 정확히 어떤 의미가 있을까?

당연한 이야기지만 일단 기분이 좋다. 하지만 그것뿐이다. 아직 내 돈이 아니기 때문이다. 예를 들어 삼성전자 주식을 5만 원에 샀는데 10만 원이 됐다고 하자. 기분이 아주 좋을 것이다. 그런데 이게 내 돈일까? 그렇지 않다. 이걸 팔아야 차익이 진짜 내 돈이 된다. 그렇지 않다면 그냥 기분만 좋을 뿐이다.

문제가 되는 건 좋은 기분에서 그치지 않고 소비가 늘어나는 경우다. 이를 자산 효과asset effect 또는 부의 효과wealth effect라고 하는데, 주식이나 부동산 등의 자산 가치가 증대되는 경우 그 영향으로 소비가 늘어나는 효과를 말한다.

쉽게 말해 자신이 보유한 자산(주식 또는 주택 등)의 가격이 올라갈 때, 실제 소득은 그대로인데 소비가 늘어나는 경우를 말한다. 우리는 이런 우를 범해서는 안 된다. 그보다는 가격이 올라간 이 자산(여기에서는 30평대 주택)의 차익을 실현할 것인지, 아니면 그냥 둘 것인지를 고민해봐야 한다.

당신이라면 어떻게 하겠는가? 나는 주변 대형 평수에 관심을 두기 시작했다.

대형 평수로 눈을 돌리다

살고 있는 30평대 집값이 오르고 있다. 기분이 좋다. 하지만 실제 내 돈은 아니다. 그냥 이대로 가만히 있을지, 아니면 매도를 해서 차익을 남길지가 고민이었다.

하지만 조건이 있었다. 거주하는 집을 팔더라도 기존의 인프라(직주근접, 학군 등)는 그대로 누릴 수 있어야 한다. 즉 아예 새로운 곳으로 이사를 갈 수는 없다는 얘기다.

그렇다면 어떻게 해야 할까? 그때 이런 생각이 들었다.

'같은 단지 안의 좀 더 큰 평수 아파트로 이사하면 어떨까?'

2018년 상반기까지만 하더라도, 인근의 20~30평대는 집값이 오르고 있었지만 그 이상인 중대형 평형의 가격은 움직이지 않았다. 가격이 너무 저렴하다는 생각이 들었다. 게다가 거주하는 곳 인근이기 때문에 생활 인프라를 모두 누릴 수 있다는 점도 좋았다.

실제 인근의 중대형(55평) 아파트 가격 하나를 보자. 오른쪽 도표에서 보듯이 2018년 상반기에는 거의 가격의 변화가 없다가 여름 이후에 상승했음을 알 수 있다.

당시 55평형은 호가가 5억 5,000만 원 정도였는데 단순히 계산해도 평당 1,000만 원 내외였음을 알 수 있다. 하지만 인근 30평대는 이미 평당 1,500만 원, 즉 4억 원 중반에서 5억 원 초반을 넘어 일부 호가는 5억 원 중반까지 이르기도 했다. 실제 내가 30평대에서 살고 있었기 때문에 이런 가격 변화를 누구보다 잘 알았다. '30평대 가격이 올라가니 이걸 기회 삼아 조금 더 큰 평수로 옮길까?' 하는 생각과 '이렇게 이사하면 기존 인프라를 그대로 누릴 수 있다'는 생각이 동시에 들었다.

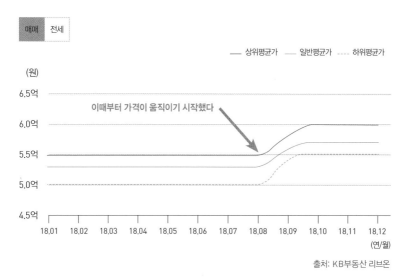

인근 중대형 아파트의 가격 움직임

이때부터 가격이 움직이기 시작했다

출처: KB부동산 리브온

몇 번을 생각해도 이동하는 게 맞다고 판단됐다. 하지만 뭔가 새로운 걸 시도하거나 변화를 주려 하면 늘 그렇듯이 우리 마음속에서는 '지금 잘살고 있는데 왜?' 하는 '귀차니즘'이 발동한다. 이럴 땐 어떻게 하는 게 좋을까?

30평형 유지 vs. 대형 평형 환승

삶은 선택의 연속이다. 그 선택에 따라 인생은 조금씩, 또는 크게 바뀐다. 때로 우리는 지나간 선택의 순간을 돌아보며 '그때 이렇게 할걸' 하면서 후회하기도 한다.

어찌 됐든 사람은 누구나 자신이 선택한 결과에 책임을 져야 하고 그에 따라 인생이 달라지기에 선택을 하는 데 스트레스와 부담을 느끼는 게 당연하다. 그 선택이 거액의 자금이 투입되고 대출까지 받아야 하는 '내 집 마련'과 같은 문제라면 더욱 그럴 것이다.

나 역시 마찬가지다. 지금 30평대 집에서 잘살고 있는데, 굳이 또 이사를 해야 하나 하는 생각이 들었다. 이럴 때 내가 사용하는 방법이 하나 있다.

각각의 상황을 가정하고, 뭐가 더 유리한지 체크해보는 것이다. 그렇게 해서 나온 결과 중 나에게 유리한 점이 더 많은 쪽을 선택한다. 유리한 선택지가 많을수록 결과가 나쁘지 않았다는 것에서 착안한 방법이다.

그 상황에서 일단 내게는 크게 두 개의 선택지가 있었다. 하나는 현재 30평대에서 그대로 사는 것, 그리고 다른 하나는 현재 집을 팔고 더 큰 평수로 가는 것이다.

각각에 대해 살펴보자.

30평대 중형에서 그대로 산다

집값이 오르는 경우

→ 일단 편하다. 사람은 누구나 변화를 두려워하거나 귀찮아한다. 지금 있는 그대로에서 오는 편안함이 장점이다.

→ 집값이 오름으로써 안정감과 만족감을 느낄 수 있다. 하지만 이때 조심해야 한다. 앞서 살펴본 것처럼 집값이 오른다고 하더라도 상승분이 아직은 내 것이 아니다. 돈 벌었다는 착각에 괜히 지출을 늘린다면 '자산 효과'만 나타나게 된다.

→ 이 집을 팔고 다른 곳으로 이사 갈 수 있을까? 불가능한 건 아니지만, 비슷한 입지는 이미 모두 올랐을 것이기에 더 싼 곳으로 옮겨야 한다. 그러면 직주근접 또는 학군 등의 환경이 지금보다 나빠질 가능성이 크다.

집값이 떨어지는 경우

→ 일단 더 이상 집값에 대해 생각하기 싫을 것이다. 하지만 이럴수록 냉정해져야 한다. 거주하는 집의 가격이 떨어졌다면, 기분은 나쁘겠지만 침착하자. 내가 정말 손해를 본 것일까? 집값이 올랐을 때 차익을 실현해야 내 것이 되는 것처럼, 떨어졌을 때의 손해 역시 내가 팔아야 확정된다.

→ 집값이 떨어졌다고 해서 매월 납부하는 담보대출의 원금과 이자가 오르거나 내리는 것도 아니다. 변하는 건 없다. 현재 누리고 있

는 거주 만족도가 갑자기 없어지는 것도 아니다. 그러니 그대로 살면서 다음을 기약하면 된다. 이런 이유로 최대한 내가 만족하는 곳으로 선택해야 한다.

대형 평수로 갈아탄다

집값이 오르는 경우

→ 평당 100만 원이 오른다고 가정할 때 단순히 계산해도 30평대는 약 3,000만 원, 50평대는 5,000만 원 정도가 오른다. 대형 아파트 가격은 잘 움직이지 않지만 한번 움직이면 크게 움직인다. 중형에서 대형으로 갈아탄 이후 대형 아파트 가격이 움직인다면 그 차익은 더 클 것이다. 즉 더 많은 수익을 볼 수 있다.

→ '공간이 주는 가치'를 고려해야 한다. 살다 보면 '방이 하나 정도 더 있었으면', '거실이 조금만 더 넓었으면' 하는 때가 분명히 온다. 젊었을 땐 경차로도 충분하지만 결혼을 하고 아이가 생기면 중형 세단, 더 나아가 대형 SUV 같은 큰 차가 필요해지는 것처럼 말이다. 넓은 공간은 마음의 여유를 가져다주고 기존과 다른 생각을 할 기회를 주기도 한다.

→ 대형 평수로 옮겼는데 가격이 올랐다면 이 올라간 가격을 바탕으로 다시 작은 평수로 옮길 수 있다. 가격 수준이 다르기에, 대형을 팔면 대개는 언제든 다시 중형으로 옮길 수 있다.

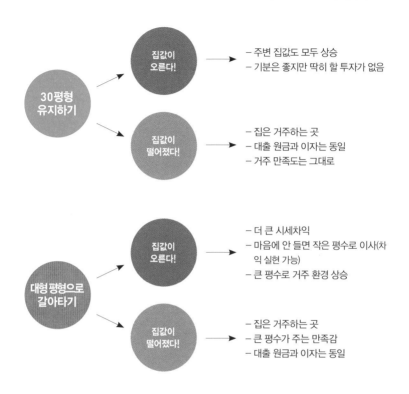

30평형 유지 vs. 대형 평형 환승

30평형 유지하기

집값이 오른다!
– 주변 집값도 모두 상승
– 기분은 좋지만 딱히 할 투자가 없음

집값이 떨어졌다!
– 집은 거주하는 곳
– 대출 원금과 이자는 동일
– 거주 만족도는 그대로

대형 평형으로 갈아타기

집값이 오른다!
– 더 큰 시세차익
– 마음에 안 들면 작은 평수로 이사(차익 실현 가능)
– 큰 평수로 거주 환경 상승

집값이 떨어졌다!
– 집은 거주하는 곳
– 큰 평수가 주는 만족감
– 대출 원금과 이자는 동일

집값이 떨어지는 경우

→ 이 역시 생각하긴 싫겠지만, 특별히 변하는 건 없다. 팔지 않는 이상 손해가 확정되진 않는다. 여유 있는 집에서 공간이 주는 가치를 최대한 누리면서 잘 지내는 것도 큰 행복이다.

→ 매월 납부해야 하는 대출 원금과 이자 역시 변함이 없다.

→ 설령 집을 팔고 기존 중형으로 다시 돌아간다고 하더라도, 가격 차이가 발생하기에 언제든 옮길 수 있다.

당신이라면 이 둘 중 무엇을 선택하겠는가? 나는 아무리 생각해봐도 기존 집에서 계속 지내는 것보다는 큰 평수로 갈아타는 것이 여러 면에서 유리하다는 생각이 들었다. 기존 집을 유지한다고 가정하면 특별히 할 수 있는 게 없지만 큰 평수로 갈아탄다면 이것저것 가능성이 많아진다. 그렇다면 답은 정해졌다! 여러 가지 방법을 검토한 끝에 우리 부부는 대형 평수로 갈아타기로 했다.

당신도 분명 비슷한 상황에 처할 때가 있을 것이다. 그때 이 선택의 과정을 떠올리면서 더 유리한 의사결정을 할 수 있기를 바란다.

실거주용 집과
투자용 집의 차이

계약, 끝날 때까지 끝난 게 아니다

더 큰 평수로 갈아타기로 했으니 이제는 실천만이 남았다. 곧바로 인근의 중대형 평수의 물건을 알아봤다. 단순히 가격만 본 게 아니라 나만의 기준에 부합하는 집을 고르려 노력했다.

예를 들어 한 중대형 물건은 가격이 아주 좋았지만(당시 30평대 호가와 불과 500만 원밖에 차이가 나지 않았다), 거주 만족도를 고려하니 별로 마음에 들지 않아서 선택하지 않았다.

결정적인 이유는 '전실이 없다는 것'이었다. 큰 평수로 이동하는 이유가 거주 공간이 주는 만족에서 오는 삶의 질 향상인데, 당시 살고 있던 30평대에도 있는 전실이 더 큰 평수에는 없다니 말이 되지 않았다. 가격 하나만 봤다면 그 중대형 물건도 나쁘진 않았으나, 집이라는 건 나와 가족이 거주하는 곳이기에 쉽게 타협하고 싶지는 않았다. 시간이 지난 후, 가격 측면에서나 삶의 만족도 측면에서나 당시 내 선택이 옳았다는 걸 알게 됐다.

그 물건 외에도 마음에 드는 집을 찾기 위해 여러 집을 봤다. 그리고 드디어 평당 1,000만 원이 안 되며 거주하기에도 좋은 곳을 찾아냈다. '평당 최소한 100만 원 정도는 오를 것'이라는 생각으로 계약을 진행했는데 최종 잔금을 치르기까지 몇 차례 어려움을 겪었다. 지금까지 이야기한 계약 관련 에피소드의 '완결판'이라고도 할 수 있다. 실제 자신이 겪는 상황이라고 생각하면서 읽어보면 더 도움이 되지 않을까 싶다.

계약금 송금 과정에서 겪은 어려움

먼저, 계약금을 보내는 과정부터 쉽지 않았다. 매도자와 몇 차례 협의를 거치면서 가격과 잔금 지급 일자 등 주요 사항을 구두로 합의하고, 매도인 계좌를 받았다.

바로 계약금 일부를 넣어도 되지만(매수자 입장에선 '가계약금'이란 표현은 쓰지 않는 게 좋다), 조건을 최종적으로 확정하고 진행해야 하기에 '이러이러한 조건으로 진행한다'라고 문자를 보냈다. 답장을 받고 입금하려고 기다리고 있는데 답이 없었다.

내가 문자를 보낸 게 점심때였는데 오후 내내 답이 없었고, 저녁이 되었는데도 묵묵부답이었다. 밤 아홉 시가 넘은 시간, 이제는 도저히 안 되겠다 싶어서 결정을 해야 했다.

'한 번 더 문자를 보내 확인해달라고 부탁해야 하나?'

'이건 내 물건이 아닌가 보다 하고 내려놓아야 하나?'

나는 후자를 택했다. 부동산 사무실에 전화해서 이렇게 말했다.

"사장님, 이 거래 그만하시죠. 다른 물건 알아봐 주세요."

효과는 즉시 나타났다. 매도자 측에서 곧바로 연락이 온 것이다. 당연히 처음 말했던 조건 그대로 하겠다고 말이다. 협상에서 가장 무서운 상대는 그 협상을 없던 것으로 할 수 있는 사람, 즉 계약 파기까지도 고려하는 사람이라는 걸 다시 한번 느낀 순간이었다. 때로는 이렇게 내려놓을 줄도 알아야 한다.

잔금 지급일 전에 발표된 대출 규제

그렇게 계약을 했다. 하지만 중간에 또 다른 이슈가 발생했다. 계약서 작성일은 2018년 7월, 잔금 지급일은 10월이었다. 그런데 중간에 부동산 역사상 손꼽히게 강력하다는 '9·13 대책'이 터졌다. 이 대책에서는 세금 규제만 강화된 게 아니다. 세제는 물론 청약과 대출 규제까지 강화됐는데, 나에게는 특히 대출이 치명타였다.

이런 정부 규제가 발표됐을 때 '정책 발표 전에 계약서를 작성하고 계약금을 지급한 경우'에는 보통 종전 규정을 적용한다. 그래도 불안해서 금융권 등에 확인해보니, 진행하기로 한 담보대출에 큰 문제는 없다고 했다. 하지만 여전히 불안했다. 정책 내용을 보니 생각보다 너무나 강력했기 때문이다. 아니나 다를까, 금융권에서 대출이 일부 제한될 수도 있다는 연락이 왔다. 정부 정책이 세게 나온 마당에 그대로 진행하기는 부담된다는 것이었다.

대출을 진행할 때는 두 가지가 가장 중요하다. 하나는 금액, 다른 하나는 금리다. 둘 다 원하는 대로 되면 가장 좋을 것이다. 즉, 대출 금액은 많고 금리는 낮고. 하지만 당시는 이 둘을 모두 만족할 수 없었다. 하나를 택해야 했는데, 나는 금리보다 금액을 택했다.

다행히 내 조건에 맞는 대출상품이 있어서 순조롭게 잔금을 치를 수 있었다. 다만 금리는 다소 높게 설정할 수밖에 없었다. 이는 상환수수료가 없어지는 3년 정도 이후 또는 중간에 금리가 내려가면 갈아탈 계획이다. 잊지 말자. 상황이 급박할 때는 모든 걸 가질 수 없음을 받아들이고, 최선의 선택을 해야 한다.

마지막에 딴소리하는 매도자

계약금 작성부터 대출까지, 쉽진 않았지만 잘 마무리했다. 그런데 마지막에 또 하나 문제가 생겼는데, 바로 인테리어다. 많은 물건 중에서 이 집을 고른 이유는 인테리어 공사를 할 수 있는 기간이 확보되어서였다. 그 조건을 계약서에 명시하기까지 했는데도 매도자가 갑자기 말을 바꿨다. 사정이 생겼다며 처음 약속한 공사 기간을 줄이는 게 아닌가. 갑자기 말을 바꾸면 안 된다며 항의를 했더니 수긍했다가, 며칠이 지나 또 말을 뒤집는 등 우리를 참 힘들게 했다.

이럴 때는 상대방 행동의 '진짜 이유'를 찾는 것이 중요하다. 그런데 아무리 생각해도 이유를 찾을 수가 없었다. 이미 계약금도 꽤 많이 들어간 상황이라 계약 파기를 원하는 것도 아닐 터였다.

그래서 나는 계약서를 다시 한번 찬찬히 검토해봤다. 관련 내용을 찾아서 공부하고 주변 지인에게도 물어보면서 혹시라도 계약이 파기되면 누구에게 책임이 있는지 조사했다. 그 결과 매도자에게 더 책임이 있다는 확신이 들었다. 최악의 경우 계약이 파기되고 매도자가 이를 수긍하지 않아 소송까지 간다고 하더라도 내가 이길 자신이 있었다.

전후 상황을 모두 파악하고 나는 싸우기로 했다. 물론 가장 좋은 건 싸우지 않고 이기는 것이다. 하지만 상황에 따라서는 최악의 경우도 염두에 둬야 했기에 이를 가정하고 내 권리를 주장하기로 했다. 내가 할 의무는 다했으니 그에 따른 권리를 누리는 게 당연한 것 아닌가.

한편으로는 매도자가 계약을 파기하지 않을 것이라는 확신이 있었다. 그래 봐야 매도자는 얻을 것이 없기 때문이다. 다행히 나의 예상은 적중했다. 매도자가 당초 약속한 인테리어 기간을 보장해 공사를 예정대로 진행할 수 있었다.

끝날 때까지 끝난 게 아니다. 계약서 작성이 전부가 아니고, 실제 잔금을 치른 뒤 내 몸이 그 집에 들어가야 온전히 마무리된다는 사실을 꼭 기억하자.

투자는 연애, 거주는 결혼

4년 동안 네 번의 이사를 하면서 집을 바라보는 시각이 많이 바뀌었다. 직접 살 집과 투자용 집에 대해서는 '다른 접근법'이 필요하다는 걸 알게 됐다. 한마디로 정리하면 직접 살 집은 '결혼', 투자용 집은 '연애'라고나 할까.

먼저 결혼을 생각해보자. 특별한 경우가 아니라면 일생에 한 번 하기에 매우 신중하고 조심스러울 수밖에 없다. 하지만 내가 말하고 싶은 건 신중, 조심 등이 아니다. 그보다는 배우자를 선택할 때 어떤 기준을 가지느냐를 이야기하고 싶다. 당연히 상대방의 장단점을 볼 텐데, 평생을 함께해야 하기에 장점이 많은 사람이 더 좋을 것이다.

너무나도 당연한 말이지만, 여기에 하나를 더 보태보자. 예를 들어 어떤 사람의 장점이 열 개이고 단점이 한 개인데, 그 한 개의 단점이 치명적이라면 어떻게 해야 할까?

예를 들어 부부간 신뢰가 부족하거나, 경제 관념이 없고 소비성향이 과한 경우 말이다. 아무리 장점이 많다고 하더라도, 과연 이런 사람과 결혼을 해야 할까? 나는 하지 않을 것이다.

직접 살 집도 마찬가지다. 우선은 내가 되도록 오래, 편안하게 살 수 있는 집이어야 한다. 그런데 아무리 장점이 많다고 하더라도(가격, 역세권, 학군 등), 도저히 용납할 수 없는 단점이 있다면(예를 들어 고소공포증이 있는 사람에게 탑층 물건이라면) 어떻게 해야 할까?

나는 그 집을 선택하지 않을 것이다. 실제로 그렇게 해왔다.

반면 투자용 물건은 조금 다르다. 나는 이걸 결혼이 아니라 연애에 비교하고 싶다. 연애는 누구나 자연스럽게 할 수 있는 것으로, 서로 예의만 지킨다면 성인 남녀 간에 누구를 만나든 문제 될 것이 없다. 그런데 동시에 여러 명을 연애 대상으로 만난다면 어떻게 될까?

흔히 말하는 '양다리'로, 이는 상대방에 대한 신뢰를 저버리는 것이다. 투자용 물건을 동시에 여럿 진행할 수도 있겠지만, 이왕이면 하나의 물건에 최선을 다하길 바라는 마음에서 이런 비유를 해봤다.

연애는 꼭 한 사람과만 하는 건 아니다. 동시에 여러 명과 연애하는 건 옳지 않지만, 여러 번 연애를 하는 건 뭐라 할 수 없다. 오히려 여러 사람을 만나봄으로써 상대방을 이해하고, 더 나아가 자기 자신에 대해서도 더 잘 알 수 있다(물론 꼭 여러 사람을 만나야 한다는 얘기는 아니며, 그 취지만 이해해주길 바란다).

투자용 물건 역시 꼭 내가 아는 곳, 특정 지역으로만 한정 짓지 말자. 대신 그 물건 하나하나에 최선을 다해서 집중하길 바란다.

간단한 사례지만 지금까지 이야기한 내용과 '결혼과 연애' 비유를 유념한다면 자신에게 맞는 집을 고르는 데 도움이 되리라 생각한다.

만약 당신이 특별히 물려받은 재산 없이 월급과 대출만으로 거주할 집 혹은 투자할 집을 사야 한다면, 나처럼 선택할 수 있는 항목이 제한적일 수밖에 없다.

　이 책에는 부동산에 대해 아무것도 몰랐던 내가 단기간에 최대로 자산을 늘릴 수 있는 모든 방법을 담았다. 내 방법을 참고하여 어떤 선택을 할 것인지는 이제 당신의 몫이다.

신축 아파트와 구축 아파트,
무엇을 사야 할까?

#신축구축 #아파트

#결정장애 #그래도입지

편의시설을 잘 갖춘 신도시 신축 아파트

최근 신축 아파트의 가격 상승이 놀랍다. 새것을 선호하는 건 비단 집뿐만 아니라 자동차나 각종 전자기기 같은 제품에도 일반적으로 나타나는 현상이지만, 근래의 서울·수도권 집값 상승은 신축이 주도하고 있다고 해도 과언이 아니다. 여기에 역세권·학군 등의 요소가 결합한 경우 상승 정도는 더욱 놀라운데, 수도권 역세권에 있는 신축 아파트는 서울의 웬만한 구축보다 더 높은 평당가를 신고하는 사례가 잇따르고 있다.

여기에서 많이 하는 질문이 있다.

"하나를 고른다면 신축 아파트를 사야 할까요, 아니면 입지 좋은 구축 아파트를 사야 할까요?"

신축이 좋은 이유는 무엇보다 각종 편의시설이 잘 갖춰져 있다는 점이다. 몇 가지 예를 들어보자면, 먼저 발코니 확장이 있다. 구축의 경우에도 일부 내력벽을 철거하고 공사를 할 수 있지만, 아무래도 단열 등에서 차이가 날 수밖에 없다. 최근 신축 아파트는 옵션을 통해 발코니 확장을 할 수 있으며, 이렇게 하면 작은 공간을 더욱 여유롭게 사용할 수 있기에 매력적이다.

다음으로 각종 커뮤니티를 들 수 있다. 최근 인기 아파트의 필수 요건 중 하나가 바로 편리한 커뮤니티 시설로, 기존의 단순 운동시설 등을 넘어선다. 피트니스 센터는 기본이고 골프 연습장에 수영장, 키즈카페 등을 부대시설로 마련한 곳도 속속 생겨나고 있다. 특히 최근에는 '조식 서비스'와 더불어 비용만 지불하면 아예 삼시 세끼를 모두 제공하는 곳도 있다.

그 밖에도 IoT Internet of Things(사물인터넷) 기술을 결합하여 스마트폰으로 집 안 온도와 조명을 조절하고, 미세먼지에 대비하여 자동 공기 청정 시스템을 갖추고, 가정 내 음식물 처리 시스템 등까지 구비하는 등 더욱 질 높은 삶을 위한 환경을 제공하고 있다.

입지가 좋은 구축 아파트

앞서 살펴본 신축 아파트의 편의시설은 너무나도 좋아 보인다. 하지만 집이라는 게 아무리 좋다 해도 온종일 집에만 머무는 사람은 극히 드물다. 직장으로 일을 하러 가거나 학교에 공부하러 가는 사람이 대부분이다. 그런데 만약 주변에 버스 정류장, 지하철역이 너무 멀거나 심지어 학교도 없다면 어떻게 될까? 즉 아파트 자체 '상품'이 좋다 해도 해당 아파트의 '입지'가 불만족스럽다면 이 또한 문제가 될 것이다. 또한 신축이라고 하지만 '새것'이라는 가치는 시간이 흐르면 언젠가는 떨어지게 마련이다. 시간이 흐르면 이 역시 구축이 된다는 이야기다.

그렇다면 반대로 지금 구축 아파트의 장점은 무엇일까? 신축 대비 주변 인프라가 이미 갖춰져 있으며, 직장 접근성과 자녀 교육에 유리한 점이 많다는 것이다. 아파트가 오래되어 구조가 다소 아쉽다든지 최근 지어진 신축 아파트의 커뮤니티 시설이 없다든지 하는 불편 외에는 주변 입지 측면에서 구축 아파트가 유리한 경우가 많다.

이렇듯 차이가 명확한 신축과 구축 아파트 중에서 무엇을 선택해야 할까?

'대체 불가 항목'을 찾아라!

신축과 구축의 장단점을 나열하더라도 결국에는 각자의 방식대로 '선택'을 해야 한다. 따라서 본인의 생각과 선호도가 가장 중요하다고 할 수 있다. 이때 반드시 체크해야 하는 건 바로 '대체 불가 항목'이다. 즉 본인이 활용할 수 있는 방법으로 단점을 나름대로 극복할 수 있다면, 그건 대체 불가 항목이 아니므로 크게 고려할 사항이 되지 못한다. 하지만 개인이 노력해도 극복되지 않고, 특히 그 요소가 자신에게 반드시 필요하다면 이는 의사결정 단계에서 꼭 체크해야 한다.

예를 들어 A는 자녀를 모두 키우고 노후에 배우자와 함께 건강하게 사는 것이 목표라고 하자. 한적한 시골도 좋지만, 극장이나 마트 같은 편의시설이 있고 무엇보다 인근에 대형 병원이 있는 곳을 선호한다. A는 편하게 운동할 수 있는 시설이 인근에 갖춰져야 하고 상업시설이 있으면 한다는 것이다. 운전을 선호해서 주로 자동차로 이동하므로 지하철역은 가깝지 않아도 되며, 자녀가 모두 성인이 되었으니 학군도 전혀 고려 대상이 아니다.

이때 A의 '대체 불가 항목'에서 대형 병원 및 상업시설이 첫째다. 둘째는 단지 내 피트니스 센터와 같은 커뮤니티 시설이 될 것이다. 이렇게 본다면 아무래도 구축보다는 신축 아파트를 선호할 가능성이 크다.

이번에는 B 사례를 보자. B는 중학교에 다니는 자녀가 있고 맞벌이를 한다. 이들에게 가장 중요한 건 집이 지하철역에서 가깝고, 자녀가 재학 중인 학교와 가까워야 한다는 것이다. 그런데 이 둘이 만나는 지점에는 구축 아파트밖에 없다고 한다면, 구축 아파트를 선택해야 한다.

B 역시 새 건물에 커뮤니티 시설이 가득한 신축 아파트를 선호하지만, 직장과 자녀 학교에서 너무 멀어지는 단점이 있어 포기한 경우다. 물론 어떤 사람은 통근 거리가 더 멀어지더라도 신축 아파트를 선호하여 이를 선택할 수도 있을 것이다.

저마다 원하는 항목이 모두 다르기에 '나는 이것만은 도저히 포기할 수 없어!'라는 것이 있다면 그걸 선택하는 것이 나중에 후회를 줄이는 방법이다.

마지막으로 '이건 대체 불가 항목이야'라고 생각하는 항목들이 실제로는 그렇지도 않을 수도 있다. 대표적으로 '나는 무조건 새 건물이 좋아'라고 생각해서 신축 아파트를 선택했더라도 일정 시간이 지나면 해당 건물은 노후화가 된다. 아파트는 통상 완공 후 10년 정도가 지나면 신축이라고 인정하지 않으니 이런 부분을 고려해야 한다. 연식보다는 신축 아파트만이 가지고 있는 커뮤니티 시설, 향후 발전 가능성(즉 현재는 인프라가 부족하지만 향후에는 좋아질 곳 등) 등을 종합적으로 살펴서 결정해야 할 것이다.

대한민국 부동산 초보가 알아야 할 모든 것

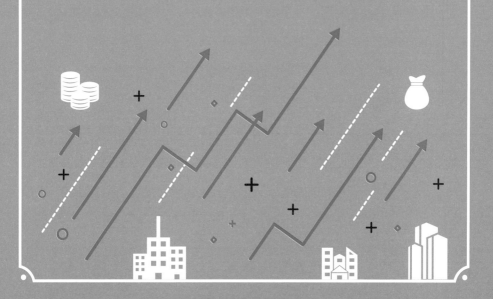

절대 손해 보지 않는
내 집 마련의 법칙 6

법칙 1. 직주근접성을 우선시한다

지금까지 집을 어떻게 마련하고, 어떤 방식으로 자산을 불렸는지 이야기했다. 하지만 나의 경험담을 듣고 잘 이해했다고 하더라도 곧바로 따라 해서 내 집 마련을 하기는 쉬운 일이 아니다. 이는 내용을 받아들이는 독자의 개인 성향과 환경 차이는 물론, 나의 전달 능력 부족 등 다양한 요인이 작용해서일 것이다.

이번 장에서는 '집을 마련할 때 최소한 손해는 보지 말자!'라는 콘셉트로, 집을 구할 때 살펴봐야 할 것들을 총정리하고자 한다. 기본적으로 사람은 이익을 얻는 것보다 손해를 보지 않으려고 하는 '손실 회피 성향'이 더 강하기 때문이다.

다음 주제에 따라 차례대로 살펴보자. 당연한 이야기지만 집을 구할 때 만족하는 항목이 많을수록 유리하다.

- 일자리까지 얼마나 빨리 갈 수 있는가.
- 집값이 상승기 평균가보다 더 오르진 않았는가.
- 미분양 추이는 어떤가.
- 앞으로 2~3년 후, 공급이 많지는 않은가.
- 혹시 아파트 가격 상승의 '끝물'은 아닌가.
- (대출을 포함하여) 현금을 확보할 수 있는가.

일자리는 아무리 강조해도 지나치지 않다. 나는 '부동산, 특히 주거용 부동산의 처음과 끝은 일자리'라고 해도 과언이 아니라고 생각한다. 인간에게 가장 중요한 건 '먹고사는' 문제이기 때문이다. 양질의 일자리가 많은 지역일수록, 당연히 가치는 올라간다.

그렇다면 일자리가 많은 곳은 어디일까?

앞서 제3장에서 소개한 '서울시 400만 일자리 분포도'와 '지역의 일자리 질과 사회적 경제적 불평등'이라는 자료를 통해 서울 주요 지역의 일자리가 어떻게 분포되어 있는지 살펴봤다.

이를 보면 서울은 강남, 종로, 여의도, 구로 및 가산 디지털단지를 중심으로 일자리가 많음을 알 수 있다. 그러므로 자택에서 이곳들에 어떻게든 빠른 시간에 도달하는 것이 중요하다. 이를 위해서는 물리적으로 가깝거나, 아니면 교통수단을 통해 최대한 빨리 갈 수 있어야 한다.

이 중 물리적으로 가깝다는 건 인근에 있어야 한다는 뜻인데, 너무나 당연한 말이지만 일자리가 많은 지역은 집값이 비싸다. 따라서 거리는 좀 떨어져 있더라도 출퇴근을 수월하게 해주는 '교통수단'에 주목해야 한다.

교통수단 중에서도 특히 눈여겨봐야 할 것은 지하철, 앞으로 생겨날 수도권광역급행철도, 즉 GTX다.

다음 지도는 GTX 노선도 중에서 A 노선을 표시한 것이다. GTX는 총 3개 노선이 있는데, 그중 A 노선이 가장 빨리 개통될 것으로 예상된다(2023년 개통을 목표로 하고 있으나, 실제로 이용하기까지는 시간이 더 걸릴 가능성이 크다). 이 노선 역시 일자리가 많은 서울역은 물론 강남의 삼성동을 통과하기에 매우 관심이 높다.

여기에서 중요한 건 GTX가 좋다, 나쁘다가 아니라 '이게 생기면 어떤 변화가 있고, 어떤 지역이 가장 큰 혜택을 보게 되는가'다. 지금부터 대표적으로 A 노선을 살펴볼 텐데, 비슷한 논리로 다른 노선에도 적용해보길 바란다.

GTX-A 노선의 가장 큰 장점은 '일자리'가 많은 지역을 통과한다는 것이다. 바로 서울역과 삼성역이다. 두 번째는 기존에 서울 일자리

GTX 노선도(A 노선)

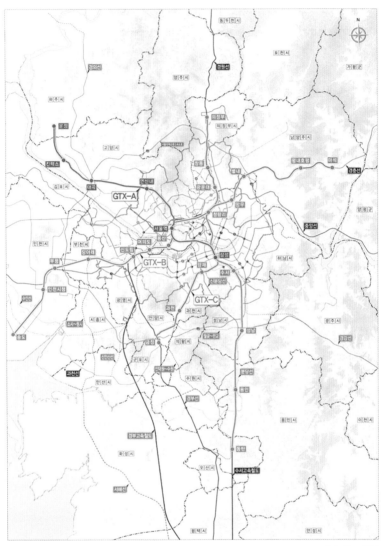

출처: 국토교통부

로의 접근성이 낮았던 지역을 지난다는 것이다. 파주 운정과 일산 킨텍스가 대표적이다. 이 지역에서 서울로 나가려면 주로 차를 이용해야 했는데, GTX가 개통되면 아주 좋은 대체 수단이 될 수 있다. 자동차는 도로 정체 등의 문제로 이동 시간을 종잡을 수 없지만, 철도는 그런 걱정이 없기 때문이다. 마찬가지로, 경기 동남부에 있는 동탄 역시 아주 좋은 대체 교통수단이 생기는 셈이다.

세 번째는 이동 시간을 획기적으로 줄여준다는 점이다. 현재 일산 대화역에서 서울역까지 광역버스인 M-Bus를 타면 1시간 정도가 걸리는데, GTX를 이용하면 킨텍스에서 서울역까지 14분이면 갈 수 있다. 시간이 3분의 1 이내로 대폭 줄어들기에 매우 유리하다. 물론 요금은 광역버스 요금보다 비싼, 편도 3,500원을 책정할 예정이라고 한다.

그렇다면 GTX가 생기면 어디가 가장 수혜지가 될까? 콕 집어 단정 지을 수는 없겠지만 그동안 서울 중심지(일자리가 풍부한 지역)에 접근하기 어려웠던 지역, 더 구체적으로는 교통수단이 차량 외에는 특별히 없던 지역이 혜택을 볼 가능성이 크다.

파주, 일산, 동탄 정도가 되지 않을까 예상된다. GTX-A 노선 중 성남과 수서는 지금 이미 분당선, 신분당선 등의 교통수단이 있기에 추가로 GTX가 개통된다고 하더라도 파주 같은 지역보다는 수혜가 크지 않을 수 있다. GTX 관련해서는 공사가 어떻게 진행되고 있는지는 기본이고, 그 외에도 어떤 이슈와 사업들이 있는지에 꾸준히 관심을 가져야 할 것이다.

법칙 2. 상승기 평균가보다 더 오르지 않았는지 점검한다

일자리를 체크했다면 큰 틀에서 집을 구하고자 하는 특정 지역이 나왔을 것이다. 이제는 해당 지역에서 개별 단지로 들어가야 하는데, 우선 기존 집값에서 너무 많이 오른 단지는 아닌지 체크하자.

예를 들어 A라는 지역이 과거 3년 동안 20퍼센트가 올랐는데, 그 지역에 있는 특정 단지가 이보다 높은 30퍼센트가 올랐다면 한 번쯤은 '너무 고평가된 건 아닌가?' 하고 의심해봐야 한다는 얘기다.

이때 A 지역을 구분하는 범위가 너무 넓어서는 안 되며, 구 또는 동 단위로 보는 것이 합리적이다. 부동산不動産은 동산動産과 달리 이동이 불가하기에, 유사한 '생활권'별로 봐야 한다.

물론 지역마다, 각각의 단지마다 개별성이 워낙 강하기에 이렇게 단순하게 보는 것은 문제가 있을 수 있다. 하지만 간편하게 기준을 적용할 수 있고 직관적으로 활용하기에도 좋으므로 한 번 정도는 체크해보는 것이 좋다.

오른쪽 지도는 서울 중랑구의 아파트 실거래가 변동 비율을 호갱노노 사이트에서 확인한 것이다. 과거 3년간 42.5퍼센트가 상승했음을 알 수 있다(2016년 12월~2019년 12월 기준).

제3장에서 사례로 들었던 중랑구 아파트의 첫 번째 실거래가를 살펴보자. 호갱노노 사이트에서 실거래가를 조회하면 2016년 10월에 3억 7,000만 원에 거래가 됐음을 알 수 있다(2016년 12월에는 거래가 없어서 그중 가까운 데이터를 가져왔다).

서울 중랑구의 지난 3년간 실거래가 변동률

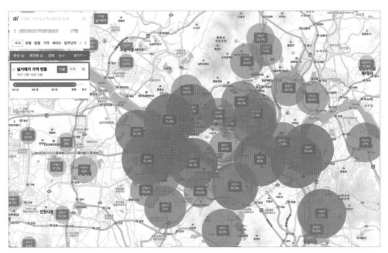

출처: 호갱노노

중랑구 아파트의 2016년 10월 실거래가 예

2016.10.23	3억 7,000만 원	104타입	8층

출처: 호갱노노

중랑구 아파트의 2019년 10월 실거래가 예

2019.10.16	5억 9,700만 원	104타입	12층

출처: 호갱노노

그리고 2019년 10월에 실제 거래된 사례를 보니 5억 9,700만 원으로 나타났다.

평형이 같아야 함은 당연하며, 층수도 1층이나 탑층이 아닌 일반 층으로 비교해야 보다 객관적인 결과를 얻을 수 있다. 이렇게 보면 해당 아파트의 3년간 수익률은 약 61.3퍼센트다.

매매가 상승률 = {(59,700−37,000) / 37,000}×100 = 61.3퍼센트

중랑구 평균 상승률이 42.5퍼센트이므로 해당 아파트는 평균보다 많이 상승했음을 알 수 있다. 만약 보유자라면 매도를 염두에 둘 필요가 있다.

물론 단순히 지역 평균보다 높게 상승했다고 무조건 매도해야 하는 것은 아니다. 해당 아파트의 입지가 그 지역의 평균보다 월등하다면 당연히 상승률도 더 높을 것이며, 그 밖의 요인으로도 얼마든지 더 상승하거나 더 하락할 수 있기 때문이다.

다만, 매수자 입장에서는 주의가 필요하다. 이런 물건을 매수할 때는 가격 하락 가능성이 있고, 오른다고 하더라도 상승 폭이 제한적일 것임을 각오해야 한다.

법칙 3. 지역 미분양 추이를 지켜본다

집을 알아보고 있는 지역에 새 아파트가 공급될 예정인데 만약 미분양이 있다면 어떻게 해야 할까? 미분양 문제는 반드시 체크하는 것이 좋은데, 특히 '준공 후 미분양'은 더더욱 그렇다.

미분양에는 두 가지가 있다.

첫 번째는 '준공 전 미분양'이다. 흔히 말하는 미분양이 이것인데, 청약에서 1순위 마감이 되지 않고 물량이 남은 경우를 말한다. 우리나라 분양 방식은 후분양이 아닌 선분양으로, 특정 단지를 완공하기 전에 먼저 수요자들을 모집하고 이들로부터 자금을 끌어들여 공사를 진행한다.

눈치챘겠지만 이는 분양사에 유리한 방식으로, 완공도 되기 전에 자금을 먼저 받고 사업을 시작하는 것이다. 분양사는 그만큼 이자 비용 등을 절감할 수 있다. 게다가 그에 따른 리스크는 해당 아파트에 입주하고자 하는 사람들, 즉 청약을 넣은 사람들이 부담한다.

한번 생각해보라. 수억 원짜리 새 아파트를 모델하우스 하나만 보고 매수해야 한다니, 얼마나 비합리적인가. 이에 정부에서도 지금의 선분양 방식이 아닌 후분양으로 전환하고자 정책을 모색 중이라고 하는데, 일단 여기에서는 논외로 하자.

한편 '준공 전 미분양'이 때에 따라서는 아주 좋은 내 집 마련의 기회가 되기도 한다. 예를 들어 (그럴 가능성은 거의 없겠지만) 강남의 새 아파트에 미분양이 발생했다고 하자. 그 원인은 세계 경제위기로 인한 것이고, 사람들의 소비심리가 극도로 얼어붙어 제아무리 강남이라 할지라도 미분양이 날 수 있다고 가정해보자.

처음에는 사람들의 공포심 때문에 분양이 다 되지 않겠지만, 시간이 지나면 경제위기에서 회복될 것이고 강남의 새 아파트를 원하는 사람들도 하나둘씩 나올 것이다. 이럴 때 남들보다 저렴한 가격에 청약할 기회를 얻는다면 매우 좋은 내 집 마련 기회가 아닐까?

이런 일이 정말 가능한지 궁금할 것이다. 지금 부동산 선호 지역 중 하나인 마곡, 광교 등지에서도 초기에는 준공 전 미분양 때문에 골머리를 앓았다. 분양사들은 '양도세 감면' 등 다양한 세제혜택까지 내세우기도 했다. 그런데 지금은 어떤가. 해당 지역의 분위기나 시세 등을 생각해보면, 당시가 정말 좋은 기회였음을 알 수 있다.

두 번째는 '준공 후 미분양'이다. 말 그대로 특정 단지가 모두 준공됐음에도 분양이 안 된 세대가 발생했다는 의미다. 사람들이 아파트의 실물을 보고도 선뜻 매수에 나서지 않은 경우인데, 이때는 원인을 파악하는 것이 매우 중요하다.

그렇다면 그 원인은 무엇일까? 우선 경제위기 등 외부 충격으로 인한 심리적 위축이 원인일 수 있다. 하지만 그보다는 입지가 좋지 않거나 주변에 혐오시설이 있거나 등 비선호 요건이 많아서일 가능성이 매우 크다. 이런 경우를 '악성 미분양'이라고 하며, 이때는 매수하고자 할 때 매우 신중하게 접근해야 한다.

미분양 정보는 국토교통부 홈페이지(molit.go.kr)의 '정보공개 →

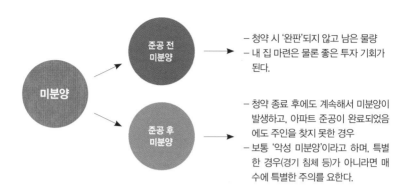

미분양의 두 가지 종류

미분양

준공 전 미분양
- 청약 시 '완판'되지 않고 남은 물량
- 내 집 마련은 물론 좋은 투자 기회가 된다.

준공 후 미분양
- 청약 종료 후에도 계속해서 미분양이 발생하고, 아파트 준공이 완료되었음에도 주인을 찾지 못한 경우
- 보통 '악성 미분양'이라고 하며, 특별한 경우(경기 침체 등)가 아니라면 매수에 특별한 주의를 요한다.

사전정보공개 → 주택, 토지 → 미분양주택 현황'에서 파악할 수 있다.

법칙 4. 2~3년 후, 주택 공급량을 확인한다

집을 마련하려는 지역에 앞으로 공급물량이 많아도 가격이 일시 조정을 받을 수 있다. 하지만 공급량이 많다고 무조건 나쁜 것은 아니다. 오히려 가격이 조정받는 동안 직접 살기에 좋은 물건을 구매할 수 있어 기회가 되기도 한다.

따라서 이 항목에는 단서 조항이 하나 필요하다. '내가 원하는 지역에 일시적으로 공급이 몰릴 때 이를 활용한다'는 것이다.

이를 잘 살펴볼 수 있는 사이트가 앞서 언급했던 '호갱노노'다. 호

호갱노노에서 향후 공급량 살펴보기

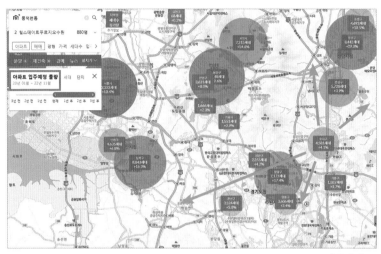

출처: 호갱노노

갱노노에는 '아파트 입주예정 물량'을 검색할 수 있는 '공급'이라는 탭이 있다. 이를 활용하여 향후 3년간 공급량을 살펴보자. 이때 반드시 인근 지역을 모두 살펴보길 바란다. 생활권이 동일하다면 가격에 맞춰 이동을 할 수 있기 때문이다.

예를 들어 용인 수지 지역을 살펴본다면 주변에 있는 분당(북), 광주(동북), 수원(남서), 화성(서)을 모두 살펴보는 것이 좋다. 거주 후보지가 그만큼 늘어날 것이다.

법칙 5. 아파트 가격 상승의 '끝물'은 아닌지 살펴본다

항상 그런 건 아니지만 보통은 구축 아파트 가격이 오르면 사람들은 새 아파트, 즉 분양권에 관심을 보인다. 구축과 비교해 신축이라는 점을 고려할 때 '새 아파트인데 상대적으로 싸다'는 심리가 작용하기 때문이다. 거기에 신축 프리미엄까지 반영돼 가격이 상승하는 것이다.

그런 다음에 투자자들은 재개발·재건축으로 관심을 옮긴다. 이미 오를 대로 오른 구축·신축보다는 미래 가치 등을 고려할 때 이게 더 낫다고 판단하는 것이다.

그러고도 상승장이 계속된다면 해당 지역에서 상대적으로 관심이 덜한 주상복합, 나홀로 아파트(한 개 동만 있는 아파트)까지 가격이 오를 수 있다.

즉, 부동산의 가격 상승은 다음과 같은 순서로 이어진다.

구축 아파트 → 신축 아파트(분양권) → 재건축·재개발 → 주상복합, 나홀로 아파트

이때 상승 흐름의 거의 마지막 단계인 주상복합, 나홀로 아파트까지 오를 경우 가격에 거품이 꼈다는 증거다. 가격 상승에 대한 기대심리가 너무 과해지기 때문이다.

따라서 주상복합이나 나홀로 아파트를 매수할 때는 반드시 직전의 가격 흐름을 확인하면서 혹시 막차를 타게 되는 건 아닌지 점검하여 다소 보수적으로 접근해야 한다.

법칙 6. 얼마나 현금을 확보할 수 있는지 체크한다

지금까지의 사항을 모두 체크해서 최종적으로 마음에 드는 집을 골랐다고 하자. 이제 남은 건 실제 취득에 필요한 현금 확보 문제다. 아무리 부자라고 하더라도 대출 안 받고 집을 마련하는 사람은 거의 없다.

대부분 일정 수준의 담보대출mortgage을 받고 나머지는 자기 자본으로 충당한다. 이때 담보대출이 가능한 금액은 앞서 살펴본 것처럼 'KB시세'와 '계약 금액' 중 낮은 가격에 일정 비율을 곱해서 구한다.

예를 들어 어떤 아파트를 매매가 5억 원에 계약했는데 KB시세는 4.5억 원이고 LTV는 50퍼센트가 적용된다고 해보자. 이때 가능한 담보대출 금액은 2.25억 원이다.

$$대출 \ 가능 \ 금액 = Min(매매가, \ KB시세) \times 50퍼센트$$
$$= Min(5억, \ 4.5억) \times 50퍼센트$$
$$= 4.5억 \times 50퍼센트$$
$$= 2.25억 \ 원$$

단순히 'LTV 50퍼센트이므로 5억 원의 절반인 2.5억 원은 대출이 되겠구나'라고 생각해선 안 된다. 여기에 본인의 신용등급도 영향을 준다. 또 거래하는 금융사에서 제시하는 조건이 모두 다르기에(심지어 같은 은행인데도 지점마다 대출 조건이 다르기도 하다) 반드시 여러 곳의 금융기관과 상담을 진행하는 것이 좋다. 이 과정을 거쳐 최종적으로 얼마 정도를 대출받을 수 있는지 확인한 후에 매매 계약을 진행해야 한다.

담보대출을 받을 때 고정금리가 나은지 변동금리가 나은지 문의하는 분들이 많은데, 나는 고정금리를 추천한다. 예측 가능성이 높기에(매달 나가는 원금과 이자가 일정하므로) 이를 바탕으로 매달 고정적인 비용을 지불하면 불필요한 에너지 낭비를 줄일 수 있다. 예를 들어 '미국이 금리를 인상한다는데 우리나라도 영향을 받지 않을까?' 같은 문제로 신경 써야 한다면 얼마나 불필요한 에너지 낭비인가.

기간은 최장기인 35년으로 해서 매달 나가는 원리금(원금+이자)을 최소화하자. 무리하게 기간을 짧게 잡고(5년, 10년 등) 매달 담보대출 상환액 때문에 허덕이는 사람들을 가끔 본다.

현재의 100만 원은 35년 후의 100만 원보다 가치가 훨씬 크다는 점을 기억해야 한다. 대출 원리금을 일정 금액으로 고정하면(고정금리이면서 원리금균등상환 방식 선택) 똑같은 금액을 상환하더라도 미래에는 훨씬 낮은 가치의 금액을 상환하게 된다.

물론 실제로 35년 동안 대출을 갚는 경우는 많지 않다. 중간에 세를 놓거나 집을 매도함으로써 한꺼번에 대출을 상환하는 경우가 일반적이다.

마지막으로, 담보대출은 3년 이내에 상환하면 '중도상환수수료'라는 것이 발생한다. 따라서 3년이 지난 주택담보대출이라면 더 좋은 조건의 대출상품으로 갈아타는 것도 좋은 방법이다.

절대 손해 보지 않는
절세의 법칙 5

법칙 1. 공동명의를 이용한다

생애 첫 내 집을 마련하는 중요한 시기. 책을 보고 공부를 하고 준비물을 꼼꼼히 챙겼지만 분명 어딘가에선 뭔가를 놓칠 수 있다. 그게아니라면 전혀 생각지 못한 돌발 상황이 발생하여 우리를 당황시킬지도 모른다. 나 역시 그랬다.

오랫동안 세금 공부를 하고도 정작 내 집 마련을 하는 순간에 가장기본이 되는 '부부 공동명의'를 하지 않아 세금으로 아까운 돈 1,000만원 이상을 날린 것이다. 더 황당한 건 부동산 계약 당시 아내가 내 옆자리에 앉아 있었다는 사실이다. 공동명의는 계약서에 이름 하나 올리면 되는 아주 간단한 것이었는데도, 그 당시 경황이 없어 미처 부부 공동명의를 하지 못했다.

이렇듯 부동산 절세는 반드시 '사전'에 '계획' 있게 준비해야 효과를 극대화할 수 있다. 부동산 업계에는 아래와 같은 말이 있다.

계약서를 작성하는 순간 세금의 99퍼센트는 이미 결정된다.

계약서에 날인한 순간 돌아올 수 없는 강을 건넌 것이다. 경험이 많거나 지식이 있는 사람들조차 세부 사항을 놓치는 경우가 많은데, 정작 이제 막 내 집을 마련하려는 사람들 입장에서는 어떻겠는가.

따라서 이번에는 가장 기본이 되는 절세 팁에 대해 알아보기로 한다. 반드시 명심하자. 부동산 절세는 꼭 '사전에' 준비해야 한다는 것을.

'부부 공동명의'란 가장 기본이 되면서도 중요한 사항이다. 다른 건 몰라도 이건 꼭 확인하고 계약을 진행하길 바란다. 앞서 우리는 집을 마련하는 데 부부가 함께하는 게 얼마나 중요한지 살펴보았다. 인생의 동반자인 배우자와 같은 방향(최소한 비슷한 방향)을 바라보고, 그중 하나인 가족의 안식처가 되는 내 집 마련을 하는 데 힘을 보탠다면 정말 좋지 않을까? 그런데 부동산 구매 시 힘을 합치면 세금마저 확실히 줄어들기에 반드시 이를 적절히 활용해야 한다.

주택 구입 단계별 세금

취득 → 보유 → 양도

- 취득세
- 공동명의 효과 없음

- 재산세 및 종부세
- 재산세는 공동명의 효과 없음
- 종부세는 공동명의가 유리

- 양도소득세 또는 증여/상속세
- 양도소득세는 공동명의 유리
- 종합적으로 판단하기

부부 공동명의를 하면 어떤 세금이, 어떻게 줄어들까?

위 도표는 주택의 '취득-보유-양도' 단계에 따른 부동산 세금을 정리한 것이다. 집을 살 때 한 번, 가지고만 있어도 한 번(매년 납부), 마지막으로 해당 집을 처분할 때 또 한 번 세금이 나간다.

이 중 공동명의를 하면 종합부동산세(종부세)와 양도소득세를 줄일 수 있다. 이것만 보면 공동명의가 꽤 유리하겠다는 생각이 들 것이다.

하지만 처음 주택을 취득하는 단계에서 납부하는 세금, 즉 취득세에서는 별다른 절세 효과가 없기에 놓치는 경우가 많다. 우리는 이를 사전에 확인하여 불필요한 세금을 내는 우를 범해서는 안 될 것이다.

참고로, 공동명의는 부부 공동명의뿐만 아니라 그 외 가족, 친지,

부부 공동명의의 장단점

장점	단점
종합부동산세 절세(개인별) (단, 취득세/재산세는 효과 없음)	부동산 처분 시 공동명의자 동의 필요
양도소득세 절세(개인별)	
부동산임대소득 수입금액 분산(개인별)	담보대출 시 공동명의자 동행 (간혹 담보대출 비율 낮아질 수 있음)
부부간 증여재산공제 6억 원 (직계존비속 0.5억 원, 미성년자 0.2억 원)	
주택 상속 시 배우자 공제 5억 원	압류/가압류 시 공동명의 지분까지도 권리행사 불가

제삼자 누구와도 함께할 수 있다. 다만 향후 해당 주택을 처분하거나 자금 출처와 같은 이슈가 발생할 수 있으므로(가령, 10억 원의 아파트를 제삼자와 공동명의를 할 경우 제삼자 역시 본인 지분만큼 자금을 대야 하는데, 그렇지 않을 경우 증여 이슈가 발생할 수 있다) 이왕이면 부부 공동명의가 낫다.

여기에 부부간에는 10년 동안 6억 원까지 증여할 수 있고 향후 상속공제도 가능하므로 여러모로 부부 공동명의가 편하다.

공동명의를 하면 어떤 원리로 세금이 줄어드는 걸까? 가장 쉬운 예가 양도세다. 양도세는 양도차익(당초 취득한 가격과 나중에 양도, 즉 매도하는 가격의 차이)에 대해 납부하는 세금인데 이 금액을 명의자별

공동명의로 인한 절세 효과(양도차익 1억, 2인 공동명의 기준)

구분	단독명의	공동명의
양도가액	45,000만 원	45,000만 원
(-) 취득가액	33,500만 원	33,500만 원
(-) 필요경비	2,000만 원	2,000만 원
= 양도차익	9,500만 원	9,500만 원
(-) 장기보유특별공제	950만 원(3년, 10퍼센트)	950만 원(3년, 10퍼센트)
= 양도소득금액	8,550만 원	8,550×1/2 = 4,275만 원
세율(누진공제)	24퍼센트(582만 원)	15퍼센트(145.5만 원)
세액(세금)	1,470만 원	495.75만 원
내야 할 세금(총액)	1,470만 원	991.5(495.75×2명)

※ 공동명의로 인한 절세액은 478.5만 원(1,470-991.5)이다.
※ 세액: 과세표준×세율-누진공제

로 분산하면 해당 명의자는 본인 몫에 대해서만 세금(양도세)을 내면 되기에 공동명의가 매우 유리하다.

예를 들어 양도차익이 1억 원일 경우, 통상 발생하는 양도세는 1,500만 원에서 2,000만 원 정도가 된다. 그런데 이를 공동명의로 하면 절반의 양도차익, 즉 5,000만 원에 대해서 각각 납부하면 되기에 1인당 대략 500만 원, 둘 모두를 합쳐도 1,000만 원 내외가 되기에 확실히 절세 효과가 크다.

어떤가, 꽤 큰 금액이지 않은가? 양도차익 1억 원을 가정했을 때 이 정도이고, 만약 차익이 더 크다면 절세되는 금액도 그만큼 커진다.

법칙 2. 취득세를 고려한다

위의 내용을 보고 '아, 지금이라도 공동명의로 바꿔야겠다'라고 생각하는 사람들이 꽤 있을 것이다. 하지만 이미 늦었다. 아까 말한 대로 부동산 절세는 '미리', '사전에' 준비해야 하는데 명의 문제가 가장 대표적인 사례다.

만약 시세가 5억 원 정도 하는 아파트를 단독명의에서 공동명의로 바꾸려면 어떻게 해야 할까? 편의상 부부 공동명의라고 가정할 때, 부부간에는 대부분이 증여를 하게 마련이다. 즉, 5억 원 아파트의 절반을 배우자에게 넘기는 경우 증여다. 시가인 2.5억 원에 대해 배우자에게 증여를 하는 셈인데, 10년 동안 6억 원까지는 증여세가 비과세이므로 이때 증여세는 발생하지 않는다(물론 아주 낮은 확률이지만 부부간 매매를 했다면 양도세가 일부 나올 수 있다).

하지만 문제는 그다음이다. 이때 명의가 이전되는 과정에서 취득세가 발생하기 때문이다. 취득세 한 번 더 내면 그만이라고? 그렇지 않다. 이때 취득세는 증여로 인한 것이므로 '취득 당시의 시가 4퍼센트'가 적용이 된다.

즉, 일반적인 주택의 취득세율 1~3퍼센트가 적용되는 것이 아니라 그보다 높은 세율이 적용된다. 부부간에 실제 매매거래를 하는 경우는 매우 드물기 때문이다(물론 실제 매매계약서를 작성하고, 그에 따른 돈거래를 한 후 다시 이를 돌려받는 과정을 하지 않는 등 진짜 매매거래를 하면 그에 따른 양도세와 일반매매에 따른 취득세만 부담하면 된다).

그렇다면 앞의 사례로 다시 돌아가, 5억 원 하는 아파트의 절반을 배우자에게 증여할 경우 취득세가 얼마나 나올까? 시가의 절반에 해당하는 2.5억 원 상당을 증여받는 것이기에 1,000만 원(2.5억×4퍼센트) 정도는 취득세를 낼 각오를 해야 한다.

이렇게까지 했는데 만약 공동명의로 인한 양도세 절세액이 그보다 적다면? 당연히 할 필요가 없다. 이렇듯 부동산 절세 전략은 사전에 계획을 세워두는 것이 매우 중요함을 다시 한번 기억하자.

법칙 3. 최소 1년은 보유한다

주택은 특별하다. 사람이 살아가는 데 꼭 필요한 '의식주'이며 세법에서도 주택에 대해서만큼은 각종 혜택을 부여하고 있다. 대표적으로 '비과세 혜택'의 일정 요건을 충족하면 세금을 한 푼도 걷지 않는다. 매우 이례적이라고 할 수 있다.

또 다른 것으로 주택(조합원 입주권 포함)은 1년만 보유해도 '기본세율'을 적용, 양도차익에 따라 6~42퍼센트를 적용한다. 토지, 상가, 분양권과 같은 그 외 부동산 자산은 보통 2년 이상을 보유해야 기본세

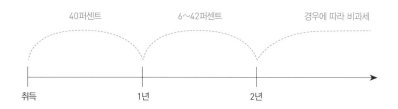

보유 기간에 따른 양도세 세율(현행)

| 40퍼센트 | 6~42퍼센트 | 경우에 따라 비과세 |

취득   1년   2년

2019년 12월 16일에 마련된 '주택시장 안정화 방안'에서의 양도세율

구 분		주택 외 부동산	주택·조합원 입주권	
			현행	개선
보유 기간	1년 미만	50퍼센트	40퍼센트	50퍼센트
	2년 미만	40퍼센트	기본 세율	40퍼센트
	2년 이상	기본 세율	기본 세율	기본 세율

율이 적용되는데 주택은 1년만 보유해도 이런 혜택을 주는 것이다.

그런데 2021년이 되면 이런 혜택이 줄어들 전망이다. 즉, 주택(조합원 입주권 포함) 역시 다른 부동산 자산과 동일하게 세율이 적용된다는 의미다. 그러면 1년 미만 50퍼센트, 1년에서 2년 보유 시 40퍼센트의 세율을 적용받는다. 그리고 2년 이상 보유해야 기본세율(6~42

퍼센트)이 적용된다.

바뀐 내용은 2021년 1월 1일 이후 양도분부터 적용되므로 혹시 집을 부득이하게 매도해야 한다면 시점을 잘 선택해 불과 몇 달 혹은 며칠 사이로 높은 세율을 적용받는 불상사는 피하도록 하자.

법칙 4. 필요경비를 꼼꼼히 챙긴다

내 집 마련을 하면서 놓치기 쉬운 또 다른 절세 항목이 있는데, 바로 '양도세 필요경비'다. 이는 다음의 양도세 계산과정을 보면 바로 이해할 수 있다.

오른쪽 도표에 정리한 것처럼 양도세를 계산하는 과정은 다소 복잡하다. 하나하나 차근차근 보면 어렵지는 않은데, 그중 눈여겨봐야 할 부분은 바로 '필요경비'다. 이 항목만 조절이 가능하기 때문이다.

그 외에 내가 판 금액은 '양도가액'이 되고 이는 상대방의 '취득가액'이 되기에 강제로 조절할 수 없다(간혹 이 가격을 조정하는 경우가 있는데 이를 '다운(혹은 업)계약서'라고 하며 엄연히 불법이다). 장기보유특별공제, 기본공제, 세율도 법에서 정해져 있기에 변경할 수 없다.

따라서 양도세를 줄이려면 필요경비를 많이 챙겨두어 이에 따른 양도세 과세표준을 낮추는 것이 절세의 지름길이다.

그렇다면 양도세 필요경비란 무엇일까? 의미 그대로 주택을 취득하면서 사용한 '경비'를 말한다. 문제는 법에 정해져 있는 것만 필요

양도소득세 계산 과정

	장점	단점
①	양도가액 (−) 취득가액 (−) 필요경비	양도가액에서 취득가액 및 기타 필요경비를 공제하여 양도차익을 계산한다.
②	= 양도차익 (−) 장기보유특별공제액	양도차익에서 장기보유특별공제액을 공제하여 양도소득금액을 계산한다.
③	= 양도소득금액 (−) 기본공제	양도소득금액에서 양도소득기본공제를 하여 양도소득 과세표준을 계산한다.
④	= 과세표준×세율	양도소득 과세표준에 양도소득세율을 적용하여 산출세액을 계산한다.
⑤	= 산출세액	

출처: 국세청 홈페이지

경비로 인정받을 수 있다는 것이다. 다음 페이지의 도표를 보자.

당연히 우리는 도표 왼쪽에 있는 '필요경비 인정' 항목을 잘 챙겨야 한다. 그런데 가만히 보면, 입주해서 인테리어를 할 때 왼쪽 항목보다는 오른쪽 항목에 지출하게 되는 경우가 더 많을 것이다.

싱크대, 욕실, 도배/장판 등 이런 것들이 더 일반적이지 않은가? 그에 반해 새시, 발코니 확장, 상·하수도 배관공사 등은 하지 않는 경우가 많다. 하지만 실제 이런 공사들을 이행했다면 이에 대해서는 필요경비로 인정받을 수 있으므로 관련 증빙 항목을 사전에 잘 챙겨두

필요경비 항목

필요경비 인정	필요경비 불인정
취득세	도배, 장판비
각종 수수료 (법무사, 세무사, 중개수수료 등) – 단, 중개수수료는 취득/양도만 인정되며 전월세 수수료는 인정되지 않음	보일러 수리비(교체는 필요경비로 인정됨)
새시 설치비	싱크대 교체, 주방기구 구입비
발코니 개조비용(확장비 포함)	페인트, 방수공사비
보일러 교체 비용(수리는 인정되지 않음)	대출금 지급 이자
상·하수도 배관공사비	경매 취득 시 명도비
양도소득세 신고서 작성 비용	매매계약 해약으로 인한 위약금
소유권 이전과 직접 연관된 소송 비용 등	기타 각종 소모성 경비

어야 한다.

여기에서 말하는 '증빙 항목'이란, 현금영수증 및 카드 결제 등을 말하는데 필요경비 항목 중 새시, 발코니, 보일러 교체, 상·하수도 배관공사 등은 '자본적 지출'이라고 하여 이 경우에는 카드 결제와 같은 적격증빙이 필요하다.

그런데 최근 2018년에 법이 개정되면서 실제 지출한 내용(계좌이체 내역)만 있어도 경비로 인정받을 수 있게 되었다. 그렇더라도 관련 자료를 꼼꼼히 챙겨두어 향후 양도세 신고 시 첨부한다면 담당 세무공

필요경비에 따른 절세 효과 비교

구분	사례 1	사례 2	사례 3
양도가액	5억 원	5억 원	5억 원
(-) 취득가액	3.9억 원	3.9억 원	3.9억 원
(-) 필요경비	0.1억 원	0.2억 원	0.3억 원
= 양도차익	1억 원	0.9억 원	0.8억 원
(-) 장기보유특별공제액	0(3년 미만)	0(3년 미만)	0(3년 미만)
= 양도소득금액	1억 원	0.9억 원	0.8억 원
(-) 기본공제	250만 원	250만 원	250만 원
= 과세표준	9,750만 원	8,750만 원	7,750만 원
세율(누진공제)	35퍼센트 (1,490만 원)	24퍼센트 (522만 원)	24퍼센트 (522만 원)
= 세액(세금)	1,923만 원	1,578만 원	1,338만 원
절세되는 금액	-	345만 원	585만 원

※ 세액 = 과세표준×세율-누진공제

무원도 확인하기 편하고 불필요한 다툼을 줄일 수 있으므로 증빙 항목은 최대한 많이 챙겨두도록 하자.

위 도표를 보면 필요경비를 많이 인정받을수록 그만큼 양도세가 줄어든다는 걸 알 수 있다.

법칙 5. '갈아타기' 전략을 활용한다

지금까지의 내용을 토대로 마지막 절세법을 한 가지 알려주고자 한다. 특히 이 방법은 내 집 마련을 할 때 가장 좋은 방법이니 반드시 숙지하기를 권한다. 이 방법만 잘 쓴다면 절세는 물론 내 집 마련과 자산 증식까지 세 마리 토끼를 한 번에 잡을 수 있다.

그렇다면 여기에서 말한 '갈아타기'란 무엇일까? '1번 집에서 2번, 2번 집에서 3번, 다시 4번…'식으로 계속해서 집을 갈아타되 좀 더 자신에게 맞고 향후 투자 가치도 있는 자산으로 옮기는 과정을 말한다. 그런데 이 과정에서 세금을 한 푼도 안 내는 비과세 혜택을 받을 수 있다면 꽤 괜찮지 않은가?

이게 바로 '갈아타기' 방법이며 세법에서는 '일시적 2주택 비과세'라고 칭하는 방법이다. 이제 이 방법을 알아보자(편의상 일시적 2주택 비과세를 통한 내 집 넓히기 과정을 '갈아타기' 방법이라고 칭하겠다).

갈아타기를 하려면 우선 세 가지 요건을 만족해야 한다. 이 세 가지는 매우 중요하므로 반드시 기억하는 것이 좋다. 이 책에서는 취득일 기준으로 '1번 집, 2번 집…' 이런 식으로 칭하고자 한다.

첫째, 1번 집을 취득하고 나서 1년이 지난 후 2번 집을 취득해야 한

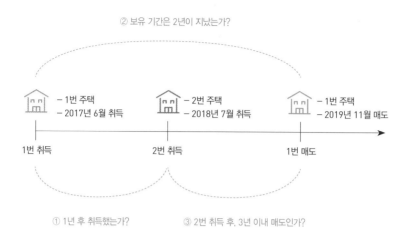

일시적 2주택 비과세 갈아타기 전략

② 보유 기간은 2년이 지났는가?

- 1번 주택
- 2017년 6월 취득

- 2번 주택
- 2018년 7월 취득

- 1번 주택
- 2019년 11월 매도

1번 취득

2번 취득

1번 매도

① 1년 후 취득했는가?

③ 2번 취득 후, 3년 이내 매도인가?

다. 1년 이내 구매 시, 투기수요로 보아 일시적 2주택 비과세를 해주지 않기 때문이다. 참고로 주택의 취득일은 계약일이 아닌 잔금일 또는 등기접수일 중 이른 날이라는 점도 유의해야 한다.

둘째, 2번 집을 취득하고 나서 1번 집은 2번 집 취득일로부터 3년이내에 매도해야 한다. 세법에서는 부득이하게 2주택이 되는 경우 예외적으로 비과세를 해준다. 따라서 이 경우 기존 집, 즉 1번 집을 일정 기간 내에 매도해야 한다.

셋째, 매도하는 1번 집은 최소 2년 이상은 보유해야 한다. 물론 조정대상지역에 있는 집을 취득했다면 2년 보유가 아니라 2년 '거주'를 해야 한다는 점에 유의하자.

이상의 내용을 그림으로 표현하면 291쪽의 도표와 같다.

이 세 가지 요건만 충족한다면 계속해서 비과세를 받을 수 있다. 즉, 1번에서 2번으로, 2번에서 3번으로 계속해서 비과세를 받을 수 있는 것이다. 정말 괜찮은 방법이지 않은가? 우리는 이런 방법으로 해서 꽤 자주 이사를 다녀 자산을 불린 스토리를 이미 알고 있다. 이 책에 나온 이야기가 바로 이에 대한 내용이니까 말이다.

이제 여기에서 몇 가지 예외만 알아두도록 하자. 최근 정부 정책으로 조정대상지역에서 조정대상지역으로 이동하는 경우에는 단서 조항이 붙었다.

먼저, 1번 주택을 취득할 때 해당 위치가 조정대상지역이라면 2년 보유가 아닌 '2년 거주'를 해야 한다. 이는 이미 앞에서 언급했다. 그렇다면 조정대상지역은 어디일까? 이는 정부 정책상 수시로 변할 수 있기에 반드시 최근 정보를 통해 확인해야 한다. 이에 대해서는 국토교통부 홈페이지(molit.go.kr)의 '정책자료 → 법령정보 → 행정규칙' 메뉴에서 확인할 수 있다. 최종 취득이나 매도 등의 의사결정을 할 때는 반드시 최신 정보를 확인하자.

두 번째 예외사항은 조정대상지역에서 조정대상지역으로 이동하는 경우, 1번 주택을 3년이 아닌 '1년 이내'에 매도해야 한다는 것이다. 기존 3년에서 1년으로 기간이 3분의 1로 크게 줄었기에 매도 일

국토교통부 자료 찾기

출처: 국토교통부

정을 잘 조절해야 비과세를 받을 수 있다.

세 번째는 역시 조정대상지역에서 조정대상지역으로 이동할 때, 2번 주택을 취득하고 1년 이내에 2번 주택으로 전입해서 거주해야 한다는 것이다. 이는 실거주자에게 비과세 혜택을 주기 위함으로 이 역시 전입 기간을 잘 맞춰야 한다. 물론 사정상 2번 집에 임차인이 살고 있고 해당 임차 기간이 1년 이상 남은 경우라면 최대 2년 이내에서 예외적으로 1년을 넘길 수는 있다.

이상의 세 가지는 조정대상지역에서 조정대상지역으로 이동할 때의 예외사항이다. 그 외 조정 → 비조정, 비조정 → 조정, 비조정 →

제6장 대한민국 부동산 초보가 알아야 할 모든 것   293

비조정인 경우라면 앞서 살펴보았던 원칙만 알면 된다.

이상의 '갈아타기' 방법을 잘 활용한다면 본인 집에서 거주하면서 계속해서 비과세 혜택을 받으며 이동할 수 있다. 물론 앞서 살펴본 직장과의 거리, 학군 등을 잘 따져가면서 이동해야 하지만 말이다.

여기에 공동명의, 필요경비 미리 챙기기, 최소 1년 이상은 보유(2021년부터는 2년으로 증가)와 같은 내용만 잘 알아두더라도 성공적인 절세 전략을 세울 수 있다.

이를 잘 활용하여 절세까지 알뜰하게 챙김으로써 내 집을 성공적으로 넓혀가길 바란다.

2020 HOT ISSUE 6

서울 및 수도권에
집을 사려는 당신에게

#2020년 #부동산초보 #반드시알아야할것

#경부고속도로 #서울수도권아파트 #아직기회는있다

서울과 수도권의 아파트가 과거에 비해 집값이 크게 오르긴 했지만 아직도 투자할 곳과 기회는 많이 남아 있다. 이미 집을 마련해본 경험자로서, 지금도 여전히 다음 '내 집 마련'을 위해 계속해서 지역과 물건을 보고 있는 같은 동반자로서 부동산에 처음 뛰어든 당신에게 세 가지 조언을 드리고자 한다.

첫째, '소탐대실'하지 말 것

과거에도 그랬고 지금도 그러하다. 주변에 내 집 마련을 원하는 사람들이 조언을 구할 때마다 상황에 맞게 나름대로 적절하게 피드백을 해주었다. 그런데 안타깝게도 열에 여덟, 아홉은 '아직 전세 만기가 돌아오지 않았어요', '지금은 너무 비싼 것 같아요', '(대출이 가능함에도) 현재 자금이 부족해요'와 같은 이유로 내 집 마련 시기를 뒤로 늦추는 경우가 많았다.

하지만 알다시피 집값은 내내 상승했다. 시기를 미루다 적게는 몇천만 원, 많게는 몇억 원의 차익을 놓친 이들이 많다. 문제는 그들이 지금 다시 문의를 하고 있다는 것인데, 아쉽게도 똑같이 말을 해줘도 실천으로 옮기지 못하는 사람들이 대부분이다.

물론 무조건 내 집 마련을 하라는 의미가 아니다. 각자 상황이 모두 다르기에 부동산 매수만이 최선은 아니겠지만, 충분히 다른 결정을 내릴 수 있었음에도 작은 것에 집중하느라 큰 것을 놓치는 경우를 보면 참으로 안타깝다. 특히 상대적으로 성격이 꼼꼼하고 완벽한 성향의 사람들일수록 더욱 기회를 놓치는 경우가 많다. 아마도 모든 것을 통제함으로써 한 치의 손해도 보지 않으려고 하는 습관 때문이지 않나 싶다.

하지만 부동산, 특히 내 집 마련은 그렇게 할 수 없다. 당시에는 손해인 것 같았지만 지금 와서 보니 오히려 이득이었고, 그 반대의 경우도 종종 있었다. 그러니 당장 눈앞의 작은 것에 연연하기보단 조금 더 길게 보고 접근하면 좋겠다.

둘째, '초지일관'할 것

지금 내 집을 구하고자 하는 이들이 택할 방법은 당연하게도 새 아파트

(신축), 즉 청약에 도전하거나 아니면 기존 아파트(구축)를 매수하는 것이다. 여기에서 다시 기존 아파트는 일반매매, 급매, 경매, 공매 등 여러 가지 방법이 있을 것이다. 이때 처음 생각했던 전략을 그대로 밀고 나가는 게 중요하다.

예를 들어 청약에 집중하겠다고 마음먹었다면 끝까지 청약에 관심을 가져야 한다. 청약에 도전하려면 계속해서 무주택 상태를 유지해야 하는데 이때 대부분은 월세보다는 전세를 선호할 것이다. 하지만 이 책에서도 언급했듯이 최근 전세 시장이 임차인에게 결코 유리하지 않다. 더 큰 문제는 앞으로도 나아질 기미가 보이지 않는다는 것이다. 이럴 때 가장 최악의 시나리오는 계속해서 청약에 도전하다가 전세금이 너무 크게 올라 그제야 기존 아파트 매수로 돌아서는 경우다.

이때는 이미 구축 아파트 가격 역시 더 올랐을 가능성이 크기에 첫 번째 내 집 마련을 하는 이들에게는 오히려 불리하게 작용할 수 있다. 안타깝지만, 차라리 이번 서울·수도권 상승장은 포기하고 조정을 거친 이후에 매수하는 것이 더 나을 수도 있다. 이럴 경우 그 기간이 너무 길기에 안타깝다는 표현을 한 것이다.

따라서 청약에 집중하는 사람들은 청약 하나만 보든지, 아니면 좀 힘들더라도 청약과 구축 매매를 동시에 진행해야 한다. 구축 매매에 대해서는 책에 있는 내용을 참고하면 된다.

반대로 청약은 일찌감치 포기하고 기존 아파트 매수 전략을 펴는 사람 역시 초지일관했으면 한다. 남은 시간이 많지 않기 때문이다. 이 사람들에게는 이 책에서 충분히 많이 언급했지만 한 가지만 더 당부하고자 한다. 이어지는 세 번째 조언을 명심하라는 것이다.

셋째, '일자리', '한강', '경부고속도로'를 잊지 말 것!

일자리, 한강, 경부고속도로. 이 세 가지 키워드는 아무리 강조해도 지나
치지 않다. 본문에서 일자리의 중요성에 대해 정말 많이 강조했다. 여기에
두 가지를 추가하고자 하는데, 바로 '한강'과 '경부고속도로'다. 부동산에서
한강을 언급하면 대부분은 '한강 조망'을 생각한다. 맞다. 하지만 그게 전부
가 아니다.

얼마 전 한강 주변의 아파트에 사는 지인과 식사를 한 적이 있다. 그에게
한강 주변에 거주하면서 얻는 이점이 무엇이냐고 물어봤더니 "조망도 좋지
만 편리한 교통수단을 절대 포기할 수 없다"라고 했다. 출퇴근 때 올림픽대
로를 타면 곧바로 서울의 동서를 가로지를 수 있는데, 그 편리함을 절대 놓
을 수가 없다는 것이다.

예전 같았으면 잘 몰랐을 텐데, 그 말을 들으니 금세 수긍이 갔다. 나 역시
최근 들어 시간의 중요성을 절감하고 있다. 예전에는 피상적으로 느꼈는데
한 해 한 해가 지날수록 '시간이 가장 소중한 자산이구나'라는 걸 자주 느낀
다. 출퇴근만이 아니라 그 밖의 이유로 이동을 할 때 길에 버리는 시간이 얼
마나 많은가. 굳이 서울에 거주하지 않아도 되는 지인이 결국에는 서울로 이
사했는데, 그 이유가 길에 버리는 시간이 아까워서라고 했다.

그런데 현실적으로 한강 주변 아파트는 다 비싸지 않은가? 그렇게만 생각
하면 곤란하다. 본문에서도 밝혔지만 물리적으로 한강 주변과 가까운 곳에

살 수 없다면 그 주변에 조금이라도 빨리 도달할 수 있는 교통수단이 있는 곳으로 가야 한다. 현재 내 집 마련에 쓸 수 있는 자금을 대출 포함해서 계산한 후, 어떻게든 일자리 그리고 한강 주변에 조금이라도 가깝거나 빨리 도달할 수 있는 곳에 집을 구해야 한다.

여기에 또 하나 기억해야 할 키워드가 '경부고속도로'다. 서울 시내에서 차를 몰고 경부고속도로 하행선으로 진입해본 사람은 어떤 의미인지 바로 알 것이다. 반포IC에서 경부고속도로로 진입해 용인 수지까지 퇴근할 때였다. 고속도로를 쭈욱 달리다 보면 중간에 다른 지역으로 빠져나가는데, 가장 먼저 나타나는 지역은 '과천'이다. 그다음은 '판교', 그다음은 '분당', 그러고 나서야 '용인 수지'에 도달했다. 당시 몸이 피곤해서인지 '아, 아까 과천으로 빠져나가는 길이 수지 방향의 길이라면 얼마나 좋을까' 하고 생각한 적이 있다. 우리나라의 중심부는 누가 뭐래도 경부고속도로다. 한강 주변과 마찬가지로, 경부고속도로에 어떻게든 빨리 도달할 수 있다면 큰 메리트가 된다.

이상의 세 가지 요소를 결합하고, 이제는 당신이 활용할 수 있는 가용자금이 얼마인지 살펴보자. 당연히 대출을 포함하되 무리할 필요는 없다. 어떤 사람은 상대적으로 수월하게 요건을 맞출 수 있는가 하면, 한 번에 조건을 맞추기 힘든 사람도 있을 것이다.

하지만 너무 낙담하지는 말자. 한 번에 안 되면, 두 번, 세 번 또는 그 이상에 걸쳐서 진행하면 된다. 나 역시 그렇게 해서 만족할 만한 성과를 냈고 주변의 다른 사람들도 이를 전수받아 실행에 옮기는 이들이 하나둘 늘어가고 있으니 말이다.

부동산, 내 집 마련에 정답은 없다지만 적어도 '방향'은 명확하다. 먼저 해본 사람의 경험을 참고하고, 이를 자기 것으로 소화하여 꾸준히 도전한다면 분명 좋은 결과가 있을 것이다.

내가 원하는 인생을 만드는
투자 첫걸음

집은 특별하다. 온 가족이 거주하면서 희로애락을 함께하고 그곳에서 미래를 꿈꾸는 특별한 공간이다. 살면서 꼭 필요한 것이기에 공공재 성격도 지니지만, 동시에 자산 증식의 수단도 되어 어떤 이에게는 인생 역전의 기회를 주는가 하면 또 어떤 이에게는 상대적 박탈감을 안기기도 한다.

그래서 정부는 각종 정책을 통해 주택시장이 너무 과열되면 이를 억제하는 정책을, 반대로 너무 소강상태라면 이를 살리기 위해 각종 유인책을 제공한다.

집이라는 것이 한편으로는 공공재이지만 다른 한편으로는 사적 재화의 특징 또한 가지고 있기에, 어느 한쪽만 고집해서 바라본다면 올바로 해석할 수 없다. 고정관념이나 고집에 사로잡혀 투기의 대상으로만 보거나 공공재로만 본다면 상황에 맞게 대처하지 못할 수도 있다. 따라서 앞으로는 지금의 주택시장, 더 나아가 세상을 단순히 이분법적인 사고로 바라보지 않았으면 한다. 사람들이 조금 더 넓은 관점에서, 유연한 사고를 가지고 바라보면 좋겠다는 것이 나의 작은 바람이다.

그렇게 될 때, 지금 당신의 위치가 어떻든 간에 분명 원하는 주택을 취득하고 이를 통해 안전하게 자산을 늘릴 기회를 얻게 되리라고 자신한다. 그런 과정에서 작게나마 도움이 되길 바라는 마음으로 이 책을 썼다.

주택시장이 급변하고, 그에 따라 정부 역시 갖가지 규제책을 내놓고 있다. 이런 환경에서 내 집 마련을 하는 사람으로선 너무나 혼란스럽고 걱정이 많을 수밖에 없겠지만, 이럴 때일수록 기본에 충실해야 한다.

여기서 기본이란 쉽게 얻은 것은 쉽게 나간다는 것, 세상에 공짜 점심은 없다는 것, 내가 좋아하는 지역과 물건이면 남들도 같다는 것이다. 이와 관련된 이야기를 실제 경험을 바탕으로, 최대한 진솔하게 담아내려고 노력했다. 이에 대한 평가는 당신에게 맡긴다.

부동산 공부를 시작하고 내 집 마련과 투자를 병행하면서 나에게도 많은 변화가 생겼다. 창세기를 뜻하는 '제네시스'라는 필명을 사용한 지 몇 년 되지 않아, 실제 내 삶은 몰라보게 달라졌다. 또한 지금의 변화에 안주하지 않고 계속해서 달라질 나의 모습을 상상하고 있다. 앞으로도 계속해서 성장하고 변화하되, 그럼에도 변함없이 지켜야 할 가치는 꿋꿋이 간직하려 한다. 그건 바로, 내가 가지고 있는 지식과 정보를 제공하여 다른 사람의 삶이 풍요로워질 수 있도록 도움을 주는 것이다.

밤하늘이 아무리 어두워도 비행기가 길을 잃지 않는 이유는 목표가 명확해서라고 한다. 열심히 사는 인생도 좋지만, 이제는 그 방향을 더욱 명확하게 하고 선택과 집중을 할 것이다. 그렇게 하기 위해 미래의 모습을 날마다 구체적으로 상상하고 잊지 않기 위해 노력 중이다. 이 글을 읽는 당신도 꼭 원하는 것을 이루길 희망한다.

마지막으로, 지금의 나를 있게 해주신 부모님 그리고 사랑하는 아내와 아들에게 고맙다는 말을 하고 싶다. 아버지는 나에게 전략적 사고와 냉철한 판단력을 주셨고, 어머니는 한결같이 긍정적인 마인드로 세상을 바라볼 수 있도록 해주셨다.

중요한 의사결정을 하거나 고민이 있을 때, 늘 곁에서 내 편이 되어주고 같은 곳을 바라봐 준 아내 정희에게도 감사한다. 원고를 쓰느라 항상 늦게 퇴근해서 많이 놀아주지 못했는데, 아들 경원에게도 기다려줘서 고맙다는 말을 전하고 싶다.